放下孩子
犹太人教子之谜

THE BLESSING OF A SKINNED KNEE
Using Jewish Teachings to Raise Self-Reliant Children

儿童期

［美］温迪·莫戈尔 著
(Wendy Mogel, Ph.D.)

聂传炎 译

上海社会科学院出版社
SHANGHAI ACADEMY OF SOCIAL SCIENCES PRESS

出版声明

本书所涉及的宗教内容，仅作为反映作者个人育儿理念的思想来源，不代表出版社对信仰的观点。

赞　誉

孩子们需要学习照顾自己，专业人士（校长、老师、营地负责人、学校心理学家）需要学习如何引导孩子，这都是很重要的功课。莫戈尔的著作可以教会我们这些功课。

——《纽约时报杂志》

（莫戈尔）睿智深刻的见解始终发人深省，消除了我们的许多疑虑。这本著作鼓舞人心，饱含热情而又非常实用，堪称真正的精品。

——《出版商周刊》

（莫戈尔）在写作中倾注了极大的热情和幽默感，列举了她本人家庭生活中以及她辅导的成人们的大量例子。强烈建议所有家长收藏此书。

——《图书馆杂志》

莫戈尔博士的著作揭示了犹太教最重要的三个原则，即"适度、庆祝和圣洁"，本书能够引导我们将其应用到生活中并取得惊人的效果。

——《罗德岛犹太先驱报》

对于学校领导者来说，这是一笔了不起的财富……阅读此书并好好运用它，你的专业阅读就堪称圆满了。

——《圣公会学校西南协会月刊》

这个宝库为父母和教育者提供了大量实用和有益的信息。莫戈尔博士在指导家长们时，无疑展现了她的人情味和关怀。

——杰塞尔·海恩斯，格塞尔人类发展研究所前主任

在近年来出版的育儿书籍中，温迪·莫戈尔的著作无愧于最优秀、最有趣的作品。她用坚定而充满爱心的笔触，提醒父母和所有关心孩子的成人们认识到育儿工作的神圣价值。字里行间，她将犹太教义和育儿智慧相融合。作为孩子的父亲，我非常喜欢她的著作。

——杰弗里·萨金拉比，《将上帝列入客人名单》作者

在阅读本书时，我感到有位长者正在教导我为人处世之道。作为基督教牧师，我发现我们彼此的信仰之间存在着紧密的联系。作为父母，我深受鼓舞，因为我们这代父母感到非常困惑，遇到了各种棘手的问题：放任自流、监护权以及受到破坏的人道价值观，以及如何在动荡不堪的混乱世界中保留神圣的时间和空间。

——罗伯特·汤普森牧师，菲利普斯·埃克塞特学院

先知呼吁我们学习传统的智慧和它所揭示的真理,并大声说出我们心知肚明却不敢说出的话语。温迪·莫戈尔以她深刻的心理学智慧、务实的态度和幽默感,发出了先知般的呼吁,呼吁我们好好养育孩子。她的话语本身就是信仰的礼物和祝福。

——彼得·科布,精神与道德教育委员会执行主任

这本书大胆而清新。

——《大洛杉矶犹太期刊》

献给迈克尔·托尔金

宁愿骨折,也不让灵魂破碎。

——赫特伍德的艾伦夫人

中文版推荐序

每个孩子都独一无二

  非常感谢青豆书坊的邀约，当我拿到这本书的样稿并开始阅读时，我发现这是一本非常特别的育儿书。其特别之处在于本书作者温迪·莫戈尔将心理学和犹太育儿智慧建立了特殊的联系，这与我们看到的一般犹太式育儿书和单一的心理学书籍角度完全不同。

  我本身对于犹太传统智慧并不陌生。早年在美国留学工作时，我周围的许多同学和同事都是犹太人，他们是一个非常特殊的群体。记得我在大学里经历的第一个大的冲击就来自我们班的一位犹太男同学。当时，我们正在上课，教授讲到平行线是两条不相交的直线，这位男同学马上就提出一个问题：为什么平行线不相交？听到他这样问时，我内心产生了大大的问号：怎么会有人问这样的问题？这不是概念吗？概念不就是不需要质疑的吗？但最终的结果是，整个课堂都因为这个问题而转向——大家用各种方式验证为什么平行线是两条不相交的直线。

  这个案例给我留下极其深刻的印象，一方面是我对那位犹太男同学感到很好奇，他似乎随时都在问"为什么"。我后来了解到，是因为他的爸爸妈妈教他有任何好奇都要主动提问，对任何不解都要大胆提出质疑，所以他从小就养成了问问题的习惯。另外一方面呢，这个案例也让我重新审视、反思自己：为什么我问不出这样的问题？仔细思考下，我才发现，其实我们是被教育成这样的——我们从小就被教育"概念是不允许被质疑和挑战的"。

从这位犹太男同学的故事再联系到《放下孩子》这本书，以及这些年对犹太教育的学习和研究，我实在感触颇深。在这本书当中，温迪·莫戈尔博士不止用心理学去剖析种种育儿心理，同时还告诉我们到底犹太传统的核心是什么，在养育子女的过程中，它又给了我们什么特别的指导。其中，我对莫戈尔博士在本书中提到的两个观点，印象特别深刻。

第一点是她谈到的"每个孩子都是独一无二的"。这是非常典型的犹太信仰，也是犹太式育儿的核心观点。我在以色列研究教育时发现，不管是老师还是家长，他们每一个人都格外关注孩子的与众不同之处，思考着到底孩子独特的天赋在哪里。在犹太育儿观里，每个孩子天生都是独一无二的，这是他们的天分和最大的优势。基于这一观念，我们自然不能用同样的方式去教育不同的孩子。这让我们不免感叹，伟大的智慧往往都是相通的。如果我们仔细去想，其实会发现，中国传统文化中也蕴含着相似的育儿观。我们的祖先很早就提出过"因材施教"的教育理念，告诉我们教育孩子一定要根据他们的特点来选择不同的教育方法。

然而，我也在研究中发现，犹太式育儿跟我们传统的中国式育儿之间有着很大的不同，其关键就在于这个"独一无二"。在中国文化当中，我们很害怕别人说自己的孩子跟别的小孩不一样。举个例子，我们在家长会上听到老师说"你的孩子怎么和别的孩子不一样？别的孩子都能够认真听讲，只有你的孩子问题最多，什么都问"这类的话，往往会特别难以接受。这时，我们的关注点集中在如何让孩子不要跟别人不一样，如何让他也变成一个听话的孩子。可是，我们究竟应该培养一个所谓的通才全才，还是培养一个有独特天分的孩子？关于这点，莫戈尔博士在本书中讲得很清楚，作为父母，我们应该坚定地相信孩子的独一无二，这将有助于我们更好地接纳孩子，培养孩子未来成为一个自主、自信的成年人。

莫戈尔博士提到的另一个观点是"孩子需要父母的全情陪伴"。在犹太文化当中，最重要的日子是安息日。这一天的习俗是：从周五太阳下山后到第二天周六太阳下山前的这段时间内，根据犹太教义，犹太人不能做任何创造性的活动、不能动任何电子产品、不能做饭，甚至都不能去开灯，他们必须在安息日开始之前把所有的饭做好、把所有的灯都打开。大家或许无法想象这是一种什么样的仪式和场景，无法想象身处现代社会的他们竟然如此"传统"，因为一个日子就要放下所有电子产品和工作，转而回归家庭和生活。我由于多次前往以色列并受邀参加当地人的安息日晚餐，对此有着深刻而震撼的体验。他们的餐桌被认为是全家最神圣的地方——一家人坐在一起，爸爸和妈妈祝福孩子，丈夫祝福妻子，每一个家庭成员都彼此祝福；他们会唱歌跳舞，还会邀请朋友到家里一起庆祝。犹太父母这种对孩子的全身心陪伴令我感动，这是一种强大的行为约束力，可以让孩子真正体会到来自父母满满的爱意。

除此以外，作者在本书中还提出了一个我个人非常欣赏的观点，就是平衡和适度。今天，中国家长为什么都那么焦虑，那是因为我们希望能够培养完美的孩子，希望自己成为完美的父母，我们不允许自己不够好。而犹太父母既对孩子有期待，又愿意接受孩子只需要"足够好"。这是一种平衡与适度的艺术。当我们给自己和孩子的成长都留有余地，不去强迫自己必须成为完美的父母，更无须让孩子完美，那么，无论是孩子还是我们自己，都能够变得更加愉快、平和，焦虑自然就烟消云散了。

温迪·莫戈尔博士在《放下孩子》一书中，不只是做了心理学的专业分析，更是从母亲的角度向我们剖析了自己的心路历程，谈及她是如何在自我成长的路上学习和进步，如何通过重新发现犹太传统中的智慧让自己的育儿困惑得到疏解。我相信每一位打开本书的读者，在阅读过程中都会很有收获，因为我们可以同时从两个不同的视角和维度去关注育儿问题。对平衡的认知，对家庭陪伴的重视，家庭活动的仪式感，以及对时间的认识，所有这些都会为我们的生活带来许多新的思考和启迪。犹太人的家庭教育作为培养成功人士的典范，已经为全世界所公认。对犹太家庭智慧更加深入的了解，一定会为我们的育儿之路增添更多助力。

周颖
犹太教育研究者
美国北卡罗来纳大学教育心理学硕士
以色列希伯来大学国际合作顾问

致 谢

同事和朋友建议我："只要整理下你的演讲录音带，你就能出书了！"真希望是这个样子。然而，即使是最富启发性的一套演讲磁带，也会充满杂音、重复和空白。"不！"因此我表示反对，并说我会坐下来从头开始写书。但即使我初衷甚好，最终产生的文字也充满杂音、重复和空白。

某天，文学经纪人贝茜·阿姆斯特打来电话，直接问我："你想写本书吗？""是的。"我告诉她。我当然想写。于是，贝茜指导我完成了这部作品。她的影响在这本书中无处不在——她是一位卓越的教练和热情洋溢的啦啦队长。认识她是我的荣幸。

感谢编辑丽奈特·帕得瓦。没有她提供专业的帮助，《放下孩子》就无法面世。丽奈特是一位严谨的"外科医生"和"景观设计师"。她的幽默感和耐心也让我受益良多。

感谢我在查尔斯·斯克里布纳出版社（Charles Scribner）的编辑简·罗森曼，她从最开始就了解这本书的初衷。她坚持采用恰当的措辞和语气来表达书中的内容。由于她的鲜明态度和敬业精神，我们取得了成功。

感谢我的助手米拉姆·帕里西，她勤勉而充满热情；也感谢斯克里布纳出版社的编辑助理伊珊·弗里德曼。

关于犹太教派之间的纷争和分歧，世人众说纷纭。作为犹太教的学生、老师和作家，我接触到了神学立场各不相同的拉比[①]。他们总是给予我慷慨的帮助，但不做任何评判。我感谢以下拉比（按字母顺序！）：洛杉矶犹太高等学校（Yeshiva of Los Angeles）的伊兹科克·阿德勒斯泰因拉比，他分享了对经文和律法的深刻理解；拜特舒瓦团队（Beit Tshuvah）的马克·波罗维兹拉比，他随时为我提供拉比经文；奥尔哈特拉犹太组织（Ohr HaTorah）的莫迪凯·芬利拉比，他分享了自己的神学观点；威尔希尔大道神庙（Wilshire Boulevard Temple）的卡伦·福克斯拉比，他给予了友谊、资源和支持；布莱·大卫·朱迪亚联合会（Bnai David Judea Congregation）的约瑟夫·卡尼夫斯基拉比，他为第6章（"工作之福"）的撰写提供了资料来源；耶路撒冷帕德斯犹太教育学院（the Pardes Institute in Jerusalem）的丹尼·兰德斯拉比，他提供了热情而权威的教学模式；华盛顿特区宗教行动中心（the Religious Action Center in Washington, D.C.）的丹尼尔·斯沃茨拉比，他开启了本书的撰写之路。

特别要感谢伊曼纽尔教堂（Temple Emanuel）的劳拉·格勒拉比，她阅读了全部手稿并提供了指点和建议。同时，也要感谢犹太成人教育学院（the Adult Jewish Education Academy）的乔纳森·奥默尔曼拉比和始终充满热情的课程管理员勒玛·纳德尔，他们给了我这个机会教书，以及学习如何撰写本书。

我也要谢谢以下同事：里奥·贝克会堂（Leo Baeck Temple）的

[①] 犹太人的一个特别阶层，是智者的象征。

犹太教育家朱迪·阿隆森以及美国希伯来会众联合会（the Union of American Hebrew Congregations）的琳达·塔尔。她们相信，如果我在更大的论坛而非小圈子中说话会更有价值。

我也要感谢众多的好友：克劳迪娅·威尔，她举办了首届犹太人育儿班，并知道如何批评和提升自己；劳里·莱维特，她对我们当地的亚文化具备异于常人的见解；柯蒂斯学院（Curtis School）的院长普里西拉·沃尔夫，她清楚地表达了家庭所面临的问题，并提供了我以前无缘阅读的文章；劳拉·贝尔洛蒂和黛比·阿塔纳西奥，她们在早期提供了帮助；罗宾·斯威科德和尼克·卡赞，这两位作家邀请我在他们的住宅中撰写本书第1章，并每天用自制的蓝莓派款待我，让我充满了动力。我十年的跑步伙伴吉尔·鲁西-雷恩则给我讲述了许多美好的故事。

感谢我的父母。母亲安·莫戈尔阅读了这部手稿，父亲伦纳德·莫戈尔则对出版事宜分享了他的真知灼见。

在漫长而孤寂的写作过程中，我的丈夫迈克尔·托尔金说："你必须将这本书放在首位，它比孩子更要紧，比婚姻更要紧。你必须完成它。"迈克尔，谢谢你的先见之明。

最后，感谢我的女儿苏珊娜和艾玛，她们教给我关于生活的全部知识，并且善解人意地接受了我们第三个孩子（即本书）漫长的孕育过程。

温迪·莫戈尔

作者备注

"上帝"这个措辞的用法

大体上来说，在撰写关于儿童的文章时，为了平等起见，我随机交替地使用"他"和"她"。尽管我相信上帝超越了性别，但我不可能完全消除代词（例如，"上帝，在上帝的智慧中"），或轮流使用不同的代词（例如，"上帝，在她的智慧中"），否则就会显得不伦不类。于是，我按照语法惯例，使用"他"来指代上帝，以便确保思想和语言的流畅性。但这并不是说，我认为上帝是人神同形的或者是个男性。

"传统"这个措辞的用法

严肃而深奥的犹太人在不断地审视：在上帝的眼中如何才能称为圣洁。在过去的二十年中，每种教派的习俗都发生了许多令人振奋的变化和转折。正统派犹太人正在尝试让妇女扮演新角色，并参与活跃的宗派间对话。改革派犹太人正在恢复传统习俗和庆祝活动，并借鉴了其运动创始人所拒绝的仪式。

当我在本书中提到"传统"犹太人和犹太人"传统"习俗时，我指的是正统派犹太人最普遍信奉的一整套教义、原则和传统。我使用这些习俗来描述宗教教义的实际原则，而不是实现神圣生活的专有模式或蓝图。

目录
CONTENTS

中文版推荐序　每个孩子都独一无二　　i

致谢　　v

作者备注　　viii

第 1 章　寻找新的育儿理念

失去信念　　5

现代母亲的悲哀　　6

决定性的一次邀请　　8

循序渐进了解犹太育儿观　　12

《摩西五经》之道　　16

痛苦的父母和焦虑的孩子　　18

犹太教的原则：适度、庆祝、圣洁　　20

养育孩子的实践　　22

找到属于自己的育儿方式　　23

第 2 章　接纳之福：发现孩子的独特之处

接受不完美的儿女　　30

男孩和女孩：平等却不同　35

矫正观念：每个孩子都是独一无二的　39

承认孩子"足够好了"　45

不要强迫自己成为超级父母　47

配合孩子的老师　48

热爱孩子真实的样子　50

第3章　尊敬之福：以身作则赢得孩子的尊重

理当尊敬长者　56

但我们并不值得尊重！　59

因为我是妈妈：确立威信　63

我们的规则是什么？　66

纠正言辞和语气　67

言简意赅　70

教导孩子尊重你的隐私　73

家庭餐桌上要有固定的座位　75

也应尊重继父母　76

教导孩子尊敬外人　77

最难的诫命　81

第4章　独立人格：不可过分呵护孩子

养育坚强的孩子　85

目 录

学会对孩子放手　87

克服恐惧，教孩子勇敢　88

消除烦恼的"20 分钟规则"　90

区分合理担忧与过度保护　93

向社区里的贤者学习　100

强大人格的五大关键　101

培养孩子独立　108

第 5 章　渴望之福：教会孩子懂得感恩

孩子内心的"恶的冲动"正常吗？　111

重在指导，而非共识　113

对待孩子要循循善诱　117

培养感恩的态度　120

学会觉察已有的福气　122

奉献也是表达感恩的方式　124

渴望同样是一种福气　126

第 6 章　工作之福：明白家务活的神圣价值

实践出真知　130

在小事上尽心尽力　132

确信做家务对孩子的成长有益　133

不想让孩子干家务活的原因　135

克服矛盾心理　　137

让家务活变得有意义　　139

学会选派家务活　　140

不要低估你的孩子　　142

安排任务时要放权　　143

懂得激励孩子　　144

停止唠叨，坚决实施　　147

分配家务活的行动计划　　149

我的家庭是怎样安排家务活的　　153

第7章　食物之福：建立餐桌上的饮食法则

两代人的饮食观　　159

食物的力量　　160

理应享用食物　　163

适度、庆祝和圣洁原则在饮食上的运用　　164

孩子们喜爱的食物　　166

用餐前先树立好榜样　　167

就餐时你能做出的改变　　169

运用犹太传统克服普遍的就餐冲突　　173

洁食：犹太教的饮食法则　　181

日常的奇迹　　182

目　录

第 8 章　自律之福：引导孩子的"恶的冲动"

孩子身上常见的毛病　188

将孩子最糟糕的行为视为最大的优势　194

清除绊脚石　196

表达方式很重要　199

善于引导"恶的冲动"　200

正确的谴责：表达不满时不能羞辱孩子　203

对忤逆行为的惩罚：温和的责备还远远不够！　207

知错就改，善莫大焉　209

终生审视自己的性格　210

第 9 章　时间之福：重视当下的价值

安息日：每周休息日的神秘力量　216

美好的家宴时光　220

父母须知：家庭不是办公室　222

太多的应酬，太少的家庭时间　224

忙碌是逃避绝望的借口　226

家庭作业：时间强盗　227

减少家庭作业量　229

节省时间：管理时间的日常方法　232

放慢童年节奏，别揠苗助长　236

夫妻关系高于亲子关系　238

不要贻误时机　240

第 10 章　父母是孩子的启蒙老师

行动起来，你才能理解　246

上帝和科学：孩子的视角　247

时刻怀有感恩之心　249

行善是应当的　251

家教必不可少　252

教育的薪火代代相传　253

附录　父母能够真正为孩子做些什么？

——温迪·莫戈尔博士采访录　257

第 1 章

寻找新的育儿理念

当下的育儿趋势就是为孩子建造温床，避开风雨。但只有当父母不再过度关注孩子身体和心灵上的不适时，家庭生活的质量才会大大提高。

自本书于2001年首版以来，世界已经发生了翻天覆地的变化。但许多育儿之道仍然适用。为适应时代的变迁，我已更新了许多与文化相关的内容。当然，智慧是永恒不变的。

——温迪·莫戈尔博士

我研究了十五年的儿童心理学，并且始终对它充满热情。透过我七楼办公室的窗户，无论是北面的好莱坞山，还是西面的贝弗利山庄，所有美景都能尽收眼底。在诊疗室里，我接待居住在这些富人社区里的家庭。大多时候，我都在进行心理测试或对孩子们进行心理治疗。就像所有的治疗专家那样，在发现问题的根源并向家长和孩子指出补救措施以后，我会获得极大的满足感。总体来说，我是个成功人士，过着惬意的生活。

在别人看来，接受治疗的家庭都过着理想的生活。家长们竭力将孩子调教得学业有成、生活幸福，并具备很强的适应能力。他们会观看孩子们的每一场足球赛，并大喊："打得不错，青蜂侠！"他们会为整支球队呐喊助威，而不只是为自己的孩子加油。他们也会参加学校召开的家长会,认真聆听并踊跃发言。这些家长可以毫不犹豫地说出孩子三个挚友的名字和其最突出的性格特点。如果孩子成绩不佳,他们就会立即聘请辅导老师或教育治疗师来帮助孩子。

十年前,我开始觉得某些根本的东西出现了问题。当第一次在实践中注意到一个奇怪的模式时,我就开始感到不满。我已习惯于处理各种各样的心理困扰,包括孩子遭受严重困扰以及稍显郁郁寡欢的情况。我常常不得不告诉家长们许多让他们感到痛苦和失望的消息,例如,我可能不得不说:"虽然杰瑞米对职业棒球大联盟的许多信息都倒背如流,看起来聪明机警,但他的智商仍低于常人,需要参加特殊学校的课程。"或者,"麦克斯之所以如此频繁地洗手,不是因为他有洁癖。这是强迫症的征兆,我给他做的心理测试已经表明了这点。"

我当时觉得这是实话实说,虽然我也完全不希望它们发生。然而对于我的话,家长们往往会产生强烈的抵触情绪。这当然可以理解,家长们的矢口否认源于深深的爱与恐惧,我们很难突破这道坚固的防线。但大多数家长最终都能正视这个挑战,慈爱而用心地解决孩子的问题。

幸运的是,家长们也会收到很多"好消息"。我会告诉他们,孩子的问题属于"正常"问题,也就是说,在某个特定的年龄段,孩子的态度、精神状态和行为都是正常的。孩子只是在经历某个艰难的阶段,他们的整体心理状态是健康的——如果这个消息令人放心,那么,大家都会感到如释重负。

不过后来,我发现了一个奇怪的现象:有些家长并不认为我传达的是好消息。他们对此感到失望，而不是欣慰。因为，在他们看来，如果孩子没有出现状况，家长就没法解决任何问题。忧心的家长会抱怨："我的孩子正在遭受痛苦！"我也不得不承认，这些"好"父母的孩子并没有茁壮成长。

的确，有些孩子整天都让人不省心。他们早上会抱怨："我的肚子疼……我不想上学，苏菲以前是我最好的朋友，现在却对我心怀恶意……史丹利教练也不公平，上体育课的时候要我们跑很多圈。"放学后，他们会争论家庭作业要在什么时候完成，由谁来完成，还会不断地提出各种要求："每个人都睡得比我晚……我班上的其他同学都可以看电影……其他同学的家长都允许他们穿耳孔……好朋友的零花钱都比我多。"

餐桌上也会发生冲突：备好的食物味道如何，孩子们是否愿意享用，等等。而到了睡觉时间，一些孩子的抱怨就更多了："我想再看一个节目……我的耳朵疼……我的腿和胳膊疼得很厉害……不开灯我不敢睡觉。"当家长们试图向孩子解释原因时，孩子就会摇身一变，成为小小的律师，反驳你的每一个理由。

这些问题看似轻微，属于小孩与家长之间典型的"正常摩擦"。但是，其实家长们向我描述的情况并不是小事。这些日常问题层出不穷，只有在特定的情况下才能有所缓解。事实上，最融洽的相处之道应该是这样的：如果家长们在各种危险面前保护孩子，消除孩子履行和承担责任的压力，并充分激励他们去做各种有趣的事情，孩子就能够放松下来，变得听话并且尊重他人。可是，这样的时刻很少见。大多数时候，家长和孩子都感到伤心失落。

第 1 章　寻找新的育儿理念

某些孩子处于"正常人"的边缘。家长们经常请我治疗孩子的各种问题：尿床、便秘、高智商但成绩不佳、难于交友和维系友谊。但实际情况是，没有任何孩子和这些"坏消息"沾边，也没有任何孩子正在遭受严重的心理问题。然而，不管家长还是孩子，每个人似乎都偏离了正轨，不知所措，而且长期以来都不开心。

失去信念

我受过的训练让我相信心理学，也就是通过交流来治疗心理问题。别人也教导我，提供心理援助时不要作出论断，但现在我的论断却越来越多。我知道某些事情不对劲，可是在诊断手册中却找不到问题所在。与孩子共处时，我感到自己就像个高薪保姆；与家长们合作时，我又觉得自己像在开方治疗急性阑尾炎。我自觉需要接受监督和指导，于是咨询了两位资深的临床医生。然后，我审视了自己的治疗方法，反思自己是否在潜意识里拒绝清楚地了解我的咨询对象和他们的子女。

然而，这毫无效果。在形容这些问题儿童时，我能想到的词汇和以前毫无差别：易怒、固执、刻板、贪心、胆小、懒惰、霸道。我开始思索他们的问题是否是我没有考虑到的另类问题，是否是单单依靠心理疗法永远无法解决的问题，是否属于性格问题。我接受的训练此时派不上用场了。

放下孩子
The Blessing of a Skinned Knee

现代母亲的悲哀

　　37岁那年，我开始寻找其他的心理辅导方法。在近十年的大部分时间里，我都在寻找新的育儿哲学并合理运用它们。我里里外外的生活都与向我咨询的家庭非常相似，像他们一样，我也感到负担很重。我和丈夫迈克尔养育了两个年幼的女儿，尽管我们聘请了保姆，但大部分时间还是我们在照顾孩子。随着女儿逐渐长大，我决心参与她们大大小小的事情：制作新鲜的三明治，撕掉生菜上令人反胃的烂叶子，督促她们洗澡，监督家庭作业，安排游戏时间，甚至每天早上像优秀母亲代表琼·克莱弗[①]那样和她们挥手告别。就像向我咨询过的很多母亲，我希望事必躬亲。我也和她们一样，有很多其他的抱负：我想继续从事令人充实的专业工作，保持体型和健康，看电影，打理花园，每周至少读一本专业杂志或书籍外加每天读报，在女儿的学校担任多个委员会的负责人，烘焙……还有，上萨克斯培训课程。

　　当然，我也希望我的孩子们有各种机会获得成功，实现自己的目标。因此，除了学校作业、家庭作业、游戏时间之外，她们每周会上一次私人音乐课；如果她们在学业上有困难，我会请人来辅导；小女儿也在踢足球。她们的每项活动安排都被记在两个日程表上：厨房

[①] 美国电视连续剧《天才小麻烦》（Leave It to Beaver）的主要角色。琼和她的丈夫沃德被视为美国中产阶级白人家庭的模范父母。

里的大日程表和我保管的日程预约簿。每个人的时间都安排得满满当当。

每个工作日，我都是6:15便起床备好午餐，然后开车出门。大多数的上午，我都会先去健身房或与朋友一起健走，接着才去上班。下午4点，孩子们放学回家时，我已疲惫不堪。到了晚上10点，我早已累瘫了。这并不是我的初衷，我原本打算和丈夫共度晚间时光，看电影、做爱或者谈谈我们这个小家庭以外的事情。每天晚上，我都发誓明晚要和他待到很晚，但是，通常第二天晚上等我进入卧室时，我的爱人已经睡着了。

虽然精疲力竭，我还是睡得不踏实。我会半夜醒来，一看时钟发现才凌晨1:25或3:30。那些白天无暇处理的事情，总在睡眠时间侵扰我。偶尔，我也乐意利用这些机会安静地反思，然而更多时候，我会花时间来筹划第二天大大小小的事情：苏珊娜的老师给家长们寄了个便条，说"明天带纸巾卷"。我觉得这不是指整卷纸巾，而是指去掉纸芯的纸巾卷。我应该将厨用纸巾整齐地摊开并把它们折叠好，还是让苏珊娜上学时什么也不带并可能因此无缘参加美术课程呢？

在晚上，我最容易担心起自己的年龄问题。我35岁生下苏珊娜，39岁生了艾玛，这让我不由自主地想象未来……艾玛21岁时，我就60岁了。如果我更年轻点，我会有更多的精力来照顾她们吗？女儿们结婚的时候，我多少岁？有70岁了吗？那时我还活着吗？我的朋友们似乎都不大可能看到她们的孙辈结婚。所以，我们以前到底在做些什么？

放下孩子
The Blessing of a Skinned Knee

决定性的一次邀请

那时我从未想象过,犹太教的教义最终将会消除我的许多疑问和焦虑。这当然不是一夜之间忽然发生的,相反,经过几年的时间,我才发现了一系列新的重心和价值观,这开始减轻我的忧虑,并让我对未来充满了乐观。

我在向两位高级临床医生咨询无果后不久,便迎来了这个契机。那时,更多的疗法显然对我毫无用处,因而我决定暂时不再寻找新的方向。我减少了工作时长,开始花更多时间陪伴我的女儿苏珊娜,当时她才2岁,正热切渴望探索世界。在这期间,我抱着好玩的心态接受了朋友梅兰妮的邀请,带着苏珊娜参加了贝莱尔市附近改革派会堂举行的犹太新年典礼。我相信这会很有趣,因为苏珊娜和我都喜欢文化人类学。在此之前的那个星期,我们在公园举行的国际面具和舞蹈节上玩得很开心,现在我们又可以了解洛杉矶西部的犹太人怎样庆祝他们古老而神圣的节日。

但我无论如何都没有料到,这次活动会改变我的人生。

我在犹太家庭长大,却对犹太传统几乎毫无所知,有时我甚至觉得自己不是犹太教徒。8岁那年,我就知道小圆蛤、小帘蛤、曼哈顿蛤和新英格兰蛤蜊浓汤的区别,我对它们的了解程度远远超过对《摩西五经》的认识。在我的童年时期,家族的犹太仪式总共持续不到5个小时:在点燃蜡烛的同时祈祷(花5分钟时间点燃蜡烛,连续点了8个

第 1 章　寻找新的育儿理念

晚上），另外在弗洛里阿姨家参加约 4 个小时的逾越节[①]家宴。每年，我的父亲都会独自参加社区犹太会堂的赎罪日活动，但其他家人都不参加。

尽管我几乎不了解犹太教，但我知道自己并不喜欢拉比。我曾听过几个拉比的布道，他们讲得华而不实且故弄玄虚。我不知道他们是否认为所有听道者都反应迟钝。他们将我们视为受害者，警告我们当心"反犹太教的狮子抬起它们丑陋的头颅"，并且认为这种事情是无法避免的。他们从不谈论上帝，也不谈论人死后去往何处，坏人为何能够逍遥法外，以及我在 11 岁时各种各样的疑问。

但那个下午，在洛杉矶里奥·贝克会堂，我的感受完全颠覆了孩提时对犹太教的偏见。当时，苏·埃威尔拉比朴实无华的发言深深震撼了我。她是一位不施粉黛的女性，留着短发，容貌和蔼可亲。她没有站在讲台上，而是坐在与会者中间，身旁还有一个年轻的男子在弹吉他。现场的氛围非常愉快，而我却流泪了。我平时很少哭泣，因此这令我感到很困惑，肯定有些东西触动了我，但我不知道它是什么。

赎罪日当天，梅兰妮和我带着孩子们重新回到这座会堂去参加儿童宗教活动。当时，苏珊娜刚刚不再使用尿布，于是那天她很自然地尿在了我的大腿上。我坐在那里，大腿湿漉漉的，与此同时，我的脸颊也被泪水打湿。那一刻，我才意识到触动我的是什么。在犹太聚会以后，我经历了许多情感挣扎，最终决定：我将独自前往我家附近的一个以色列犹太会堂参加星期五晚上的成人宗教活动。

我对唱诗和祷文都一窍不通。主持仪式的拉比是 29 岁的丹尼

[①] 犹太人最重要的节日之一，为庆祝以色列人在上帝的庇护下走出埃及、脱离奴役而设立。

尔·斯沃茨,他曾是地质学家,离职后成了拉比,人们都叫他丹尼尔拉比。他戴着领结,非常热情,有着和苏·埃威尔拉比一样令人轻松愉快的风度。慢慢地,我对犹太教的感受有了改观,觉得它不再那么高高在上,而是越来越容易接近。

我非常喜欢这种友好的氛围,因此第二天上午,我就参加了丹尼尔拉比组织的初学者团体活动。他读了《圣经·出埃及记》第28章的经文,该篇描述了大祭司亚伦的圣衣:

> 他用织工做以弗得的外袍,颜色全是蓝的……在袍子底边上,用蓝色、紫色、朱红色线,并捻的细麻做石榴,又用精金做铃铛,把铃铛钉在袍子周围底边上的石榴中间……他用精金做圣冠上的牌,在上面按刻图书之法,刻着"归耶和华为圣"。又用一条蓝细带子将牌系在冠冕上,是照耶和华所吩咐摩西的。①

尽管除儿童故事外我对《圣经》经文毫无所知,但这幅充满力量和诗意之美的景象令我深受感动。然而,更让我感动的是布道的内容。丹尼尔拉比向我们解释,大祭司的圣衣旨在尊崇他们,给予他们特殊的地位和荣耀,突出他们的与众不同。然后,他谈到了我们散漫的南加州文化的利弊。"在这里,成人和小孩的着装风格都差不多,我们在多数场合的穿着都很随便。"他指出,"我们不再觉得非要穿得衣冠楚

---

① 引文出自《圣经》新标点和合本,以下所有《圣经》经文均引自该版本。

楚才能显示身份，这当然是好事，但是，过于随便也有其弊端。神的殿堂不同于拼车道和超市，如果穿着牛仔裤和跑鞋进入会堂，可能难以让人产生敬畏感和超脱感。"因此，他特别要求：集会者在前来敬拜神时应穿着得体。

我马上联想到某周向我咨询过的一对夫妻：贝基和杰夫。他们事业有成却不擅长处理亲子关系，类似的家庭在我的咨询对象中占比很大。这对夫妻工作舒心、成绩斐然（妻子是律师事务所合伙人，丈夫负责募集资金），但他们在家中却越来越烦恼。他们认为应该帮助年少的儿女学习表达自己，并努力让孩子们明白为何应遵守家庭规矩。但女儿珍娜对他们心怀不满和愤怒，在校表现不佳。儿子内特在幼儿园两次咬伤别的小朋友。他在离开公园或朋友的家时会大声尖叫，睡觉前总是将所有的床单从床上扯下来，还把抽屉里的东西扔得满地都是。

贝基和杰夫都是职场上卓越的领导者，但在家里，他们却几乎毫无威信可言。家里到处都是玩具，这些玩具不仅被堆放在孩子们的卧室中，也堆放在客厅、浴室和厨房里，甚至夫妻俩卧室的被单上都有。孩子们在家中无法无天，到处都是乱糟糟的。

尽管我并不指望通过说教来了解问题所在，但有一种观点——我们需要通过某些迹象或标志去强化威信，适用于贝基和杰夫所面临的困境。我告诉他们："在自家的会堂里要做大祭司。"他们大笑不止，但很快就明白了其中的道理。他们意识到自己对孩子过于和蔼和民主，以致整个家庭都乱套了，孩子们只想满足自己的欲望而不想承担义务。

于是，贝基和杰夫开始进行调整。他们在家里申明，除非得到明确许可，否则不允许孩子进入他们的卧室。当他们给予孩子们东西时，孩子们要说"是的，谢谢"或者"不用，谢谢"。更重要的是，他们不再过度关注孩子身体和心灵上的不适后，家庭生活的质量大大提高了，这让我既惊讶又喜悦。

循序渐进了解犹太育儿观

在我的提议下，我们家开始每月去参加礼拜。我后来发现，很多不信教的犹太丈夫都非常抵触礼拜活动，这在我所咨询的育儿群体中也很常见。在大多数家庭中，妻子非常注重精神生活，但丈夫却犹疑不决，还常引用儿时经历来证明宗教的虚妄本质（据我所知，天主教、新教以及犹太教的男性信徒都是这样）。就像大多数夫妻那样，我和丈夫迈克尔组建的家庭也是"混合婚姻"，涉及宗教习俗时，我们通常很难达成共识。不同的是，在我们家中，迈克尔更希望全家人都严格遵守教规，我对此却感到不太适应。然而十年前，我们的情况不相上下：他曾受过犹太成年礼并接受过坚信礼[1]，但成年后，我们都没有接触犹太教，只是对它感到好奇。

在犹太会堂里，我觉得自己完全像个门外汉，甚至都不知道希伯来语首字母"aleph"[2]的名称或拼写方法。除了被我念作"*burruch ha taw*"

---

[1] 犹太人的孩子在13岁时受坚信礼。只有被施坚信礼后，才能成为教会正式教徒。
[2] 希伯来的第一个字母א，被犹太人认为是最神圣的字母，代表着上帝。

第 1 章　寻找新的育儿理念

的祈祷文之外，我不知道什么礼拜仪式，后来我才知道那其实是 *baruch atah*，亦即"你是有福的"。一开始，我为自己不知道如何在犹太会堂做礼拜以及基本不了解犹太教而感到尴尬。然而，我和迈克尔坚持下来了。在参加礼拜的第一年春天，我们去了一个周末静修会，在那里我们第一次体验了真正的安息日，这一天是专门用来休息和反思的。之后，我们开始每周都去礼拜堂。

我购买了祈祷磁带，熬夜背诵祈祷文；还参加了律法学习班，并稍稍调整了家庭活动安排。起初，我们只是在周五的晚餐时间点起许多蜡烛，结结巴巴地说感恩祷告的音译文"安息日好"（Good Shabbos），之后就去泰国餐馆吃虾。后来，我们添加了祝酒文，然后在家里吃晚饭。大约一年后，我们逐渐改为每周五晚上都待在家里，享用完整的安息日晚餐，并进行传统的感恩祷告。我们在用餐时不再吃贝类和猪肉，也不再将肉类和奶制品混合起来。

晚餐开始时，我们将规定的感恩祷告与家庭仪式糅合起来。我们会点燃蜡烛，为当周生病或因其他苦难而需要代祷的家人祈祷。例如，苏珊娜可能会说："今晚我要点燃这支蜡烛，为患有流感的朋友杰西卡祈祷。"接着，我们会对每个孩子低声说出传统的感恩祷告："愿在接下来的这周里，神的脸光照在你身上。"[1]然后我们一家人围在桌边，轮流讲述当周发生的开心事，并倾听对方分享的好消息。我们按照犹太律法的原则，讨论新闻或日常生活中的道德困境。最后，我们在歌声中

---

[1] 《圣经》中上帝给予以色列人民的祝福之词。原句为"愿耶和华赐福给你，保护你。愿耶和华使他的脸光照你，赐恩给你。愿耶和华向你仰脸，赐你平安。"（6:24-26）

结束这顿晚餐。有时候，正式的晚餐和礼节似乎显得陈腐而自私，但是大多数情况下，这是一周中最从容也最温柔的时刻，它让我们变得更加亲密。

又过了一年，我考虑离职一年以便全身心地研究犹太教，看看能否将我学习到的东西融入实践中去。我长期共事的同事是个热爱工作的儿童精神病医生，他对此表示怀疑："这不是工作，这是你的使命。想想离开你的病人意味着什么。"

丹尼尔拉比坚定地建议我："读读先知以赛亚书第6章，他当时受到呼召要去做先知。"他还写了一封长信敦促我："最终，你做出的决定都是个人的决定。从原则上讲，我对任何事情都保持开放的态度，但是我很确信两件事：如果你确实转向犹太教，你将有机会为犹太社区提供出色的服务，也能侍奉上帝。"那封信对我产生了巨大的影响。尽管我对丹尼尔拉比的预言将信将疑，但他的话的确给了我勇气，让我敢于结束自己的诊疗生涯。

尽管丹尼尔是一位改革派拉比，但他还是建议我下功夫研究正统犹太教。这些拉比终生熟悉《圣经》的文字和教义，因而能够以极其亲切而非学术化的方式向他人介绍犹太思想。于是，我穿着庄重的长袍（袖子遮住了肘部）和长裙，戴上礼帽，和正统犹太教的老师们一起研究组建犹太家庭的深奥文字和律法。

最开始，我大部分时间都在研究哈西德派[①]教徒，他们身上的一些特点令我印象深刻：信仰中的喜悦和耀眼的智慧。但是当我去他们的

[①] 又译虔敬派、虔诚派。该派主张认真攻读《圣经》，敬虔侍奉，过圣洁生活。

第 1 章　寻找新的育儿理念

家中吃安息日晚餐时,我吃惊地看到了完全陌生的情景。男人和男孩们在桌边热烈地讨论着,而妻子和女儿则静静地做饭和上菜。在我看来,这似乎表明了女性的从属地位。很久以后我才知道,在这些社区里,女性深受尊重,并且只有她们才有机会学习《摩西五经》。于是,我继续与这些虔诚的人们以及犹太教各支派的其他睿智师长们共同学习和成长。

在这一年的学习中,我汲取了我所能接触到的所有犹太知识,尤其是与育儿有关的知识。我发现自由派拉比和老师们著述了许多优秀的犹太育儿书籍。这些书提出了很多令我感到新奇和有趣的问题:如何解决"十二月困境"(这里指犹太儿童如何抵制圣诞节的诱惑,而又不把犹太人的光明节美化为莫须有的神圣假期),如何装饰并享受居住在住棚节①的苏克棚中,以及如何解答孩子关于上帝的疑问。这些书籍可以帮助父母引导孩子在当代文化中树立积极的犹太人身份,进而能够与世俗社会和谐地共存。

在我家附近,有三到四家正统犹太教的书店。我曾经逛过这些书店,发现桌子上堆满了我从未见过的育儿书籍。当我开始阅读它们时,我感到非常激动。这些书籍生动地描绘了周遭世界的危险和诱惑——到处充斥着物欲横流、焦虑不安、色情泛滥和竞争激烈的气息。这些著作将实用的日常育儿问题——包括允许孩子看多长时间的电视,孩子对帮忙做家务的态度,允许孩子们穿什么样的衣服——提升到关于

---

① 犹太节日,又称收藏节。节日期间,除病弱者以外,所有犹太人都要住进临时搭建的苏克棚中,以感谢上帝的恩赐。

圣洁的问题上来。这些书籍了解孩子们的敌人是谁，并提供了保护孩子的方法。这些书写得很好，在心理学上有理有据，用犹太法律和神学中的寓言和教训展示了传统的犹太智慧。

但是，这些正统犹太教育儿指南都认为，只有严格遵守教规才可能养育出身心健康、有道德感的孩子。因此，除了教义和对生活的深刻见解之外，正统犹太教还有诸如 "mehitzah"（在圣殿中将女性与男性分隔开的屏障）等许多清规戒律，并且坚持与更广泛的社区隔离开来，而这是我和我的咨询对象都不愿意接受的。换句话说，我接受正统犹太教的一些育儿理念，但不能全盘接受其治疗方法。

我开始思考，我是否可以来充当桥梁。心理学为理解儿童的情绪问题提供了可靠的理论，但这些理论变化得太过频繁以至于无法成为儿童教育的根基，而且它们对性格问题也漠不关心。而在成熟的犹太教经验中，我发现了能够直接解决心理和精神问题的智慧和实用工具。也许我可以设法将这些见解提供给我所咨询的许多家庭；也许我可以将心理学和犹太教义整合起来。

《摩西五经》之道

我开始学习犹太教后不久，以色列圣殿的高级拉比约翰·罗索夫邀请我在犹太会堂的赎罪日下午作育儿讲座。我回想起我了解到的那些只鳞片羽，脱开讲稿就讲了1个小时。演讲结束后，许多采取非正规方式共同研习犹太教的女性问我是否愿意担任她们的老师。我大为

第 1 章　寻找新的育儿理念

吃惊，但还是很高兴地同意了，并最终教了她们两年。我常常觉得自己只比她们略高明一点而已，但是我坚持下来了，也不害怕被人发现我不懂装懂，因为丹尼尔拉比告诉我："凡知道《摩西五经》之道的人，都必须讲授它。"这些课程后来成了我所有犹太育儿课程的模式。

在我所指导的家长团体里，我每周都会为即将到来的假日准备好《圣经》故事或《塔木德》①的教义，并将其与现代育儿问题联系起来。我会从教义中汲取应对困境的方法，让参加课程的学员回家以后运用所学原理，并在下周报告这些方法是否有效。这些课程后来发展成了讲座，我也发现我确实在两个世界之间架起了桥梁。我举办了两个系列讲座：一个涉及犹太教的精神传统和育儿问题，在宗教学校和犹太会堂里讲授；另一个的内容大致相同，但受众是世俗学校和教堂的参与者，期间我会零星地谈到犹太教智慧。

这些讲座和育儿团体让我接触到了更多类型的家长，而这是以前的私人诊疗所做不到的。我现在不再关注个别儿童的具体问题，而是关注儿童身上更常见的问题。许多父母告诉我，林林总总的育儿书籍让他们感到无所适从，因为他们发现当前面对的世界瞬息万变，与自己以前的成长环境迥然不同。他们不知道该遵循何种传统，也不知该加入什么社区。孩子所在学校即便非常团结，愿意提供帮助，也不足以解决父母在家庭道德和精神生活方面的困惑。家长们告诉我，我的课程在小学阶段就满足了他们想要获得指导的需要，让他们不必致力于"研究宗教"便有机会了解犹太教的基本知识。许多参与者加入了

---

① 犹太律法、思想和传统的集大成之作。

犹太会堂，继续他们的学习，并在家遵守教规。

在遭遇个人信仰危机后，我不再沿用一贯的方法来继续提供心理学辅导。相反，我将重点从诊断和治疗转移到了预防上，并将其融入私人治疗、讲座、育儿课程以及为父母和学校提供的咨询服务中。多年来，我一直在教授一门名为"家庭作业、食物、就寝时间、性、死亡和圣洁：提供给父母的犹太智慧"的课程。同写作本书的目的一样，这门课程旨在帮助父母以灵性价值观为基础，形成恰当的育儿理念，以应对孩子成长中的难题，而不是每次在孩子偏离轨道时都不得不寻求专家的帮助。

痛苦的父母和焦虑的孩子

给父母们授课多年以后，我领悟到了什么呢？在我所居住的富人社区中，隐藏着许多不为人知的痛苦。我们不知道如何才能在复杂的世界中找到恩典和安全感，于是我们拼命塞给孩子各种各样的东西：生日庆祝活动、各种课程、满屋的玩具和装备，等等。但物质的欢愉不能带来心灵的安宁，相反，物质的过度富足让我们产生了更多的焦虑感。父母害怕孩子不能维持这种稀有的生活方式，担心他们会从父母为之苦心孤诣修建的幸福之山跌落下来。

父母渴望孩子去做正确的事情，因此不仅在物质上放纵孩子，情感上也溺爱他们。许多父母都有些不愉快的童年回忆，他们当时无法表达自己的感受，也无权参与决策。为此，他们会矫枉过正，高估孩

第1章 寻找新的育儿理念

子对于自我表达的需求，并把家庭转变为民主的小小试验场。但父母在家里营造的这种平等并没有赋予孩子自尊感。相反，这表明父母显然没有掌控局面，孩子们会因此感到害怕。由于不愿建立权威，这些家长不仅没能给予孩子力量，反而让孩子变得缺乏安全感。

在现代育儿中，一个令人特别忧心的现象是：父母过度重视孩子的成就和感情，却忽略了帮助孩子培养对他人的责任感。我曾有过这样的亲身经历。在我任教的某个非宗教高中，有个孩子去世了。悲剧发生的第二天，大人们聚集到校园中，这样孩子们难过时就可以找人倾诉。但是，没有人为去世的孩子举行庄严的仪式，也没有人出于社会责任感而为此安排相关活动。如果这种事发生在宗教社区，学生们可能会帮助这个不幸的家庭准备和配送晚餐，或者陪同那孩子的弟弟放学回家。而在这个完全世俗化的社区中，人们只会着力保护孩子的自尊心，并让他们继续保持高昂的情绪。

当下的育儿趋势就是为孩子建造温床，避开风雨。我无意责怪父母们厌恶晚间新闻报道的暴力事件和社会威胁，但许多父母无疑在过度保护儿女。在家庭和学校之外，他们没有给孩子机会去学习如何面对危险。这些父母害怕的不只是暴力，他们也同样担心不可知的未来。为了让孩子们事先做好准备以应对未知的世界，他们试图安排大量课程，督促孩子们学会各种各样的技能，以便在竞争中脱颖而出。

在温室般的环境里成长，孩子们固然会获得充分的关注和世俗的认同，但他们也要为此付出代价。他们很快就会认识到，不应该显露太多的不快、沮丧或失望，他们必须擅长处理所有事情，时刻保持乐观心情，因为这才能表明父母教子有方。

我逐渐相信，在向我咨询过的孩子中，许多问题都肇源于两个因素：竞争的沉重压力；无意识地认为自己对父母而言无比重要。我回想起孩子们的各种问题：长期抱怨、社交窘况、学习困难以及课堂上无法集中注意力。对孩子们来说，除了生病或表现平平之外，还有什么更好的方式来反抗父母不切实际的期望、夺回某些控制权并拒绝被奉为偶像呢？

犹太教的原则：适度、庆祝、圣洁

通过对犹太教的研究和实践，我认识到，向我咨询过的家长们陷入了一个由他们自己的善意所造成的陷阱之中。在竞争至上的文化熏陶下，父母决心为孩子倾其所有，以便让孩子成为"赢家"。然而，他们却错过了上帝赐予的最神圣的礼物：当下的力量和神圣价值，以及每个孩子独特的个性。

犹太教对于育儿问题提供了与众不同的视角。它会将此时此刻最平凡的东西神圣化，并借此来教导我们：伟大不仅存在于杰出而辉煌的成就中，也存在于我们日常的小事和行为中。犹太教向我们表明，我们可以避免被狂热的物质世界吞噬，可以从中既汲取其精粹又保全自身。

犹太人生活的三个基本原则是适度、庆祝和圣洁。借助这些原则，我们无论生活在哪种文化环境中，都可以实现中庸之道。犹太人的做法就是不断研究、学习、质疑和传授这些原则。通过在家庭生活中实践这些原则，我的丈夫、孩子和我在动荡无常的世界中找到了安宁和

第1章 寻找新的育儿理念

意义。我在工作中同样发现，在采用这种新视角面对人生问题以后，许多家庭都发生了变化。

适度的原则教会我们同时做两件看似水火不容的事情：热烈地拥抱上帝创造的物质世界（"上帝看万物都是好的"）；同时，学会自律。犹太教阐明了我们为人处世的正确态度：我们不应效法动物，因为它们只会按照本能行事；不应效法异教徒，因为他们会崇拜自然和感官本身；不应效法天使，因为他们不会受到欲望的煎熬；也不应效法苦行僧，因为他们逃避尘世的欢乐。上帝在创造我们时赋予了我们强烈的欲望和自由意志，但运用这笔财富来行善还是行恶最终是由我们自主决定的。

适度引导我们走向第二个原则：庆祝。我们有义务适度但热情地拥抱上帝赐予的礼物。换言之，我们有义务表达感谢和参加聚会。庆祝有许许多多的方式，犹太教的礼拜仪式包含对这些内容的感恩：食物、彩虹、新衣服、侥幸脱险、休息日、首次做某事甚至地震。全年不断的大小节日无疑很容易满足庆祝的需求。

19世纪德国著名的拉比桑普森·拉斐尔·赫希透过一个故事完美地阐述了犹太人关于庆祝的概念：

> 有个犹太拉比告诉会众，他正计划去瑞士旅行。"为什么是瑞士呢？"会众们问他，"那里几乎没有犹太社区。你为什么要到那么远的地方去呢？"这个拉比回答："我不想在见到上帝时，听到他对我说'什么？你从来没有见过我的阿尔卑斯山？'"

庆祝和感恩是犹太教和犹太育儿观中的重要概念。无论世界的富足与我们自身的好运伪装成什么模样，上帝都要求我们始终敏锐地觉察各种感恩的机会。通过长期的精神洗礼和各种宗教庆祝活动，犹太教为各个家庭提供了许多练习如何感恩和保持喜悦的方法。

圣洁，作为第三条原则，就是承认日常行为和事件的神圣价值。自公元70年耶路撒冷第二圣殿被毁以来，最圣洁的地方已不再是犹太会堂，而是我们各自的家庭。传统的犹太人在谈到"家庭"时，他们所使用的这个措辞意指敬拜之屋或"小圣地"。我们与孩子用餐的餐桌就是圣坛，它有可能是地球上最圣洁的地方。

在犹太传统中，有些原则旨在帮助我们发掘日常事务的神圣价值，这包括我们对待配偶、孩子、家务甚至宠物的方式。关于责备、赞美、早上问候和晚上睡觉等事情，犹太教也都有相应的规则，因为在犹太传统中，这些活动都是神圣的。

养育孩子的实践

根据《摩西五经》的教导，生育的目的并不是为了寻找机会让我们和孩子感到荣耀，而是为了让孩子在成年以后能够自力更生、富有同情心、道德高尚，也是为了确保我们离世后有人继续敬畏上帝。因此，育儿原则不是让孩子自我感觉良好，而是要让孩子成为好人。

《摩西五经》《塔木德》和几个世纪以来犹太思想家的著作都为此提供了宝贵的智慧，可以帮助父母完成抚养子女的重任。我已尽力将这种智慧提炼出来，以便当代的父母们认识到：这些智慧不仅在理论上富有启发性，而且在日常生活中也非常有效。在接下来的每一章里，我将分别谈论犹太思想家认为至关重要的那些育儿原则：

- 承认你的孩子既独特又平凡。
- 教导他们尊重父母、其他家人、朋友和社区成员。
- 教导他们坚韧不拔、自力更生和勇敢无畏。
- 教导他们心存感恩。
- 教导他们认识到工作的价值。
- 教导他们将餐桌当作圣坛：以适度、庆祝和圣洁的态度对待食物。
- 教导他们接受规则并自我约束。
- 教导他们珍惜当下。
- 教导他们了解上帝。

这是犹太家长们沿袭了三千多年的经验之谈。我相信，它适用于任何时代、任何城市和任何家庭。

找到属于自己的育儿方式

犹太教有个优点，就是宽容的传统。正如古老的谚语所说："上帝不会过度苛求他的受造物。"上帝对人们的要求并不会超过其能力范围，但我们必须努力有所回馈。在一本可追溯到公元 1 世纪前的伦理格言集《父亲的道德规范》（*The Ethics of The Fathers*）中，塔方拉比教导我们："完成 [让世界尽善尽美的] 工作不是你的责任，但你也不能自作主张停止这项工作。"

《摩西五经》知道，我们每个人都以不同的方式面对世界，面对上帝。《出埃及记》中提到了"闲杂人"（mixed multitude）[①]一词，形容在摩西带领下穿越红海进入应许之地的所有民众。这个群体由埃及社会各个阶层的人组成，其背景差异非常大。从那时起直到现在，所有人都向上帝渴求不同的事物，而上帝对我们每个人的期望也各不相同。

我继续纠结于犹太教的方方面面，包括神学、仪式和社区。尽管我从不怀疑宗教中蕴含着千锤百炼的真理（可以将这个真理定义为：受造的宇宙同时赋予了我们意义和义务），但任何近乎完美的信仰都让我敬而远之。不过，纠结于上帝这个问题并没有削弱我的努力，因为内在的挣扎早已融入了犹太教神学之中。不妨看看摩西，他一生中都在与上帝进行热烈的辩论！正如我们永远不应停止学习《摩西五经》一样，我们也永远不应停止质疑它。本着这种精神，我将这本书视为一种育儿哲学或犹太教的入门书。任何父母，无论是不信奉任何宗教，还是属于正统犹太教或改革派犹太教，无论是犹太人还是非犹太人，都可以从本书发掘的众多拉比和犹太学者们的智慧中获益。

犹太人的人生原则展示了令人惊叹的心理洞见和常识，然而，即便在了解这些原则以后，我仍没能完全摆脱当代育儿的困境。我无法

[①] 语出《出埃及记》："又有许多闲杂人，并有羊群牛群，和他们一同上去。"（12:38）

第1章　寻找新的育儿理念

将自己从对孩子寄予厚望、过度纵容孩子或过度安排他们的生活中解脱出来，但我在某种程度上摆脱了竞争和压力，不再因焦虑而辗转反侧，夜不能寐。我不再像以前那样担心自己的年龄，因为我的孩子们生活在一个关系融洽而又具备流动性的社区中。我希望她们与上帝建立牢固的联结，以巩固她们与世间父母的关系。在面对道德困境时，她们能拥有评判是非的框架，并意识到她们应该向更高的权威负责。在大学里某个寂寞的周五晚上，她们能够找到从前在家中拥有的亲切气息，例如在校园的安息日晚宴上感受温暖的烛光、熟悉的歌曲和祈祷。我们交给她们这个传统，她们也可以将它传递给子孙后代。

这本书不是让你稳操胜券的育儿公式，相反，它仅仅为我们提供了一个审视世界、生活和家人的视角和方式。犹太教给我的家庭带来了意想不到的亲密与和睦时光，让我们清楚地认识到日常的道德困境，并感知到日常生活的神圣价值。它比我迄今所知的任何其他思维方式都更深刻地指导了我的育儿工作，我希望它对你具有同样的效果。

犹太教义指导着我们每一代人的生活，下面这个问题总结了我对于其魅力的全部看法。它是拉比常常向学童们提出的问题：

"在犹太历史上，最重要的时刻是什么？"

"在西奈山上颁布律法？"

"不是。"

"红海分开？"

"不是。是现在。这才是犹太历史上最重要的时刻。"

第 2 章

接纳之福：
发现孩子的独特之处

✡

育儿的悖论在于：
如果我们爱孩子本来的样子，
而不是爱他们所取得的成就，
那么他们更有可能发挥自身的真实潜力。

我最近读了一份关于三年级的学校简报,在两页的简报上,"特别"这个字眼竟然出现了五次:感恩节的歌很"特别";文字游戏很"特别";新兴艺术展览很"特别";甚至简便轻松的义卖活动也很"特别",尽管该简报并未阐明理由;总而言之,今年的三年级本身就非常非常"特别"。

我想知道,这可能吗?一个地方汇聚了那么多的特别之处?是天大的巧合?或者,这所学校真的超乎寻常,有出类拔萃的孩子、忠诚的教师和慷慨而活力四射的家庭?事实上,该校确实很优秀:孩子们聪明有教养,教师对学生关怀备至,父母乐于为孩子付出时间和金钱。但它并没有那么不同凡响,因此,我怀疑这种误导是否有益。

不只这所学校的简报充斥着这类信息。几乎所有我参观过的校园,其工作人员、海报和整体环境都在强调:这里不仅是学习的地方,还能够培育开明而富有同情心的成功人士。我们不应责怪学校的傲慢自大,这是因为家长们过于望子成才,以至于各个学校如此强调这种特殊性。

我的朋友宝拉管理着一所非常优秀的小学。她告诉我,她曾带着

第 2 章 接纳之福：发现孩子的独特之处

一位有意让孩子就读该校的妈妈参观校园。这位妈妈说，她的女儿斯隆对科学有着浓厚的兴趣。"在我参观的另一所学校，幼儿园的老师把彩带挂在树上，来向学生展示风的特征，"她说道，"我希望你这里也能做到。我不想斯隆错过这些东西。"

"我们的树上有叶子，"宝拉回答，"树叶能起到同样的教育效果。但我无法保证我们会挂彩带。"后来，这位妈妈将女儿送到了那所挂有彩带的学校。

另一所学校的校长则向我抱怨，父母们的期望让他感到沮丧：太多的父母希望在孩子 8 岁时就能搞定所有的事情。他们希望孩子学业尽善尽美，孩子的能力不输于地球西半球的其他孩子。儿童的心智发育是时断时续的，但父母却没有给予他们足够的耐心。成果不能来得太迟，学习进度不能太慢，不能有任何不同寻常之处！如果孩子得不到优异的成绩，父母就开始烦恼，担心孩子存在学习障碍或者缺乏积极性。这不是事物应有的常态！似乎在父母眼里，孩子们只有两种可能：学习障碍者和天才。要知道，不是每个孩子都具备各个领域的无限潜力。但这也并不意味着大多数孩子无法上大学，无法在成人世界的角逐中获得成功。每个孩子都有自己的道路要走。父母需要的不过是放松一点，耐心一点。

这是怎么了？为什么通讯报道要大喊溢美之词？为什么斯隆的母亲对女儿不能在幼儿园体验微型物理实验室而感到如此焦虑？为什么父母不能让 8 岁的孩子顺其自然、磕磕绊绊地成长？

开始研习犹太教时首先打动我的东西，就是它直接切入父母的压力问题。根据犹太人的思想，父母只应期望孩子按照其本性成长，此外应别无所期。哈西德派教导我们:"如果孩子有做面包师的才能,请不要让他当医生。"犹太教坚信,每个孩子都是按照神的形象创造出来的。如果我们忽略孩子的内在力量,敦促他们取得我们眼中的非凡成就,这就是在破坏上帝的计划。

如果要求孩子变得与众不同以致他们压力太大,孩子最终会饱受失眠、饮食失调、慢性胃痛、拔毛癖、抑郁和其他疾病的折磨,不得不接受治疗。他们是父母追求完美的牺牲品。正是这样的孩子促使我不断寻求标准治疗方法之外的帮助。在犹太教中,我发现了一套方法,使我们既能尊重儿童的独特性,同时也能接受他们所有不起眼的优点。

接受不完美的儿女

我在第1章中描述了我的惊讶和困惑,当时,在完成测试并告知家长他们的孩子"很正常"时,家长们经常感到失望。他们宁可接受可以诊断出来的问题,也不接受孩子与生俱来的缺陷。因为问题可以得到解决,但面对天生的缺陷父母却不得不调整期望,接受不完美的儿女。如果孩子躁动不安实际上是因为他患有多动症,耽于幻想是因为患有注意力缺乏症,数学成绩差是因为存在学习障碍,害羞是因为患有社交恐惧症,做错事是因为"间歇性爆发障碍"发作——这反而可以点燃父母的希望。一旦症状确诊,父母就可以聘请各类专家和心理咨询师提供药物、制定治疗方案,这样他们便可以继续幻想如何克服此类缺陷，重新相信孩子拥有无限的潜力。

父母为什么如此热衷于养育完美的孩子呢？答案有两个：虚荣心和害怕未来。

孩子，我的杰作

珍妮特向我和我们育儿班的其他成员请教如何和她的大儿子迪伦"讲道理"。她说：

> 你知道约翰斯·霍普金斯大学的寻找人才项目吗？他们为六年级学生提供了参加 SAT 考试①的机会。如果学生的语言能力或数学成绩达到普通高三学生的水平，那他就有资格在大学校园里参加特殊的夏季学习课程。我知道迪伦的数学水平符合该要求，但他说不想参加考试。这太不明智了，因为不参加考试约翰斯·霍普金斯大学根本不会知道他的成绩优异。如果他取得了好成绩并参加寻找人才项目，那他的简历就会显得非常耀眼。

外行人认为这是贪慕虚荣，而用心理学术语描述则是"代理成就综合征"。有些父母将自己缺失的安全感、个人成就或者未实现的梦想

---

① 由美国大学委员会（College Board）主办，其成绩是世界各国高中生申请美国大学入学资格及奖学金的重要参考。

寄托于孩子的成就上。即使是那些不会利用孩子来逃避生存恐惧或标榜自我价值的父母，也不得不屈从于竞争的浪潮。

但过去并非如此。那时，父母会根据工作需求（比如，给农场添帮手）养育孩子。而今天，许多父母将孩子的成就视为重要的家庭"产品"。这种态度导致了一种本末倒置、以孩子为中心的观点。基于此，我们纵容孩子的异想天开，同时又敦促他们不惜任何代价，实现学术、社交和运动目标。但是，这种压力只会适得其反。

如果孩子认为自己应该超越父母已有的卓越成就，或者好高骛远，他们必然会承受痛苦。想要资质平平的孩子变得多才多艺，这种努力本身就是徒劳无功且具有破坏性的。如果督促得太紧，孩子甚至会忘记自己已经掌握的技能。如果孩子开始觉得自己所做的全部事情只是为了取悦父母，他们就会公然反叛。在面对压力时，有的孩子再也感受不到掌握技能的天然乐趣，有的则以身心失调的症状为由逃避竞争。通过夸大自身缺陷，这些孩子希望避免失败，希望父母能采取更贴合他们个性和切合现实的标准来评估他们的进步。

孩子不是你的杰作。犹太教认为：你的孩子甚至都不是"你的孩子"。在希伯来语中，没有任何动词可以表达"占有"的意思。我们将"*yesh li*"翻译为"拥有"，实际上是指"它在那里等我"或"它因我而存在"。虽然没有任何东西属于我们，但上帝已经把一切都借给了我们，并要求我们用之于更圣洁的目的。这也包括我们的孩子，他们是上天给予我们的宝贵的借贷。每个孩子都有一条侍奉上帝的独特道路，我们的责任是帮助他们找到这条道路。

第 2 章　接纳之福：发现孩子的独特之处

驾驭未来的勇敢小通才

如果仅仅要求孩子在某些领域出类拔萃，他们也许更能满足父母的期望。心理学家迈克尔·汤普森认为，我们对青少年不公平地提出了"通才"要求："只有在人生的这个时期，你才需要将所有事情做得尽善尽美。而成人不必遵守这些标准。我们面试儿科医生时不会关心他是否能够投球进篮，或者在会计师进行税收工作前考察他的生物学是否及格。在小学和高中，我们赞美通才，但在现实世界，除了面临危境之外，通才几乎无用武之地！"

我们正在对年龄越来越小的孩子提出这种"通才"要求。这在部分程度上源于父母担心未来变化无常，如今这种担心比以往任何时候都更频繁地困扰着我们。最新款的电脑可能在我们开箱使用前就落伍了，因为市场上出现了更轻巧、更时尚、运行速度更快的电脑。这个世界的节奏过快，这常常让父母忧心忡忡，觉得似乎只有"通才"才能生存下来。如果年幼的孩子不懂如何设计网站、没有在班上名列前茅、没参加过马拉松比赛、没能自信地在人群中演说，那他将会落后于人。

我们会竭尽所能为孩子规划未来，但我们的努力受限于自身对未来的想象。这让我们疑虑重重。而孩子们不会有这样的担忧，因为瞬息万变的高科技世界对我们来说似乎不可理喻，对孩子来说却再寻常不过。要帮助孩子成为极具竞争力的通才以求在新世界中做好准备是无济于事的，因为我们无法预料二十年后这些技能是否仍然适用。只有诚实、坚韧、灵敏、乐观和同情心等人格品质是当之无愧的无价之宝，这些特质在多个世纪以来一直造福于人类。

害怕平庸："乌比冈湖"①式育儿

还记得盖瑞森·凯勒在小说中虚构的小镇乌比冈湖（Lake Wobegon）吗？那里"所有女人都很强壮，所有男人都很英俊，所有孩子都很出众"——小学教师非常熟悉这种违反统计数据的阳光心态，他们每年都在家长会上重复同样的溢美之词。某位对此感到厌倦的中学主任这样告诉我：

> 家长们都过度焦虑。如果孩子们在每个方面都成绩优异，就意味着正常。但如果孩子们成绩平平，他们就会感到恐惧。正是因为这个原因，许多老师开始提供"乌比冈湖"式的成绩单。老师们担心如果给出的分数偏低，父母会把孩子成绩不佳的原因归咎于老师缺乏技能而不是孩子本身能力不足。遗憾的是，这会掩盖真实的问题，或者直到孩子四年级时家长才开始重视。到了那个时候，问题已无法继续隐瞒，孩子的弱项会在标准化测试中暴露无遗。

有些父母可能会在孩子进入四年级很久之后还继续保持这种"我的孩

---

① 源自盖瑞森·凯勒（Garrison Keillor）在广播小说节目中虚构的草原小镇，社会心理学家借用乌比冈湖效应指高估自己实际水平的心理倾向。

子独一无二"的观念。但这有益于孩子的自尊心吗？不妨听听我在精英私立学校采访学生伊莎贝尔时的谈话。她明年将上高二。她告诉我，她很难与人交往，她最近喜欢的两个男孩都不喜欢她。而且，老师似乎也偏袒其他学生。她感到困惑而受伤：

> 我知道我无法与人交往的原因。爸爸妈妈总是让我觉得自己是最优秀的：最美丽，最聪明，最迷人。而且大多数时候，我都能稳妥地处理各种事情。但是现在我发现，我并没有那么不同寻常。也许我已经足够好了，但我不知道这是真是假。

就像许多父母那样，伊莎贝尔的父母害怕女儿认为自己很普通。我不知道他们本人是否也不愿承认他们的孩子确实很普通，但他们"乌比冈湖"式的育儿态度对伊莎贝尔并没有好处。他们把她放在神坛上，而现在她却被困在那里了。当她有机会和其他人交往的时候，她根本无法确切地认识到自己的潜力。

男孩和女孩：平等却不同

现代育儿中还有一个问题也给孩子们带来了无尽的压力。在过去二十年里，教师和社会科学家帮助淡化了男孩和女孩之间的差异。这原本在于纠正历史上的不公平，但结果却是：我们开始期望在某些情况下男孩表现得像女孩，女孩表现得像男孩，这对他们而言都绝非易事。

毫无疑问，我们应该鼓励孩子从事他们感兴趣的任何领域，但如果完全无视性别差异的话，有时反而会增加孩子早已过重的负担。过去基于性别差异的避风港已经不复存在，现在，男女都有机会和义务在各种舞台上大显身手——从学术到体育赛场，从成为一个好的倾听者到成为一个好的领导者。

上帝最初创造的许多事物都是存在区别的：黑暗和光明，六天的辛苦劳作以及随后的第七天休息日，以及亵渎和神圣。尽管我们潜意识里可能还存在着歧视，但我们仍然会尊重男孩和女孩与生俱来的差别。例如，他们的兴趣和发展阶段通常并不相同。我们可以留意孩子的自我表达方式，而不是试图忽略或消除这些差异。如果你担心承认性别差异会导致不公平的待遇，那么孩子可能会错过机会，以至于无法获得他们需要的东西。为了公平地对待子女，有时必须要因人而异。尊重差异反而有可能提供平等的机会。

对男孩不恰当的期望

劳里的儿子诺亚出生时，女儿瑞秋已经4岁了。"刚开始，我就对这些差异感到惊讶，"劳里说，"诺亚还是个婴儿时，无论什么时候看到字母'O'，他都大喊'球！'上街时，他坚持要我走车水马龙的地方，而不是绿树成荫的住宅区，这样他才能看到附近的卡车。"

诺亚每做一件事都非常专注，无法同时分心做别的。如果劳里想让儿子听她说话，她必须将他3岁的小脸捧在手中。她不愿带他外出，因为他总会跑开。劳里和丈夫马克决定，决不允许诺亚拥有玩具枪或

第 2 章　接纳之福：发现孩子的独特之处

看电视（教育片除外）。但这些并不妨碍诺亚到处"射击"，他会弯起手指做出射击的动作，将吐司或全麦饼干制作成枪支的形状。

等这个喜欢卡车、过度专注、喜欢开枪的小家伙上幼儿园时，会发生什么呢？如果他几乎一整天都只能安静地坐在桌子旁，练习大小写字母，会怎样呢？如果他只能整天乖乖地配合呢？如果不允许他放屁时发出声音或弯曲手指当成枪玩呢？老师可能会对他说："诺亚，我知道你会记住如何好好说话，对吧，诺亚？"

他的老师可能会告诉劳里："诺亚无法安安静静地坐着，也无法按照老师的要求去做。我们想知道他是否患有注意力缺失症。当然，诺亚还太小，我们并不能确定。但是，你可以考虑明年让他接受检查。"

以前，幼儿园仅仅是孩子们制作黏土手印、唱歌和听故事的地方。老师的目标是帮助孩子们学习如何融入集体，如何和家人以及家庭以外的人相处。但今天的许多学校，在小学低年级时就已经要求孩子们完成复杂的学习任务。这些任务往往需要孩子集中注意力、遵守纪律和熟练地运用各种动作技能，而许多男孩在这个阶段还不能完全掌握。洛杉矶的驻校学习专家黛比·戴维斯描述了她最近评估过的多名二年级男女学生，她说："在我接触他们的第一天，差异就显而易见。女孩的专注力是男孩的两倍，她们会想方设法取悦我，告诉我她们喜欢我的手镯。但男孩们忍受不了太长时间的拼音测试，他们会绘声绘色地讨论：当你在船上呕吐时，结果会怎么样。"

大多数男孩都能适应学校生活，但也有许多男孩因为我们对他们的表现和举止抱有不切实际的期望而受到伤害。随着班级人数越来越多，问题会变得更严重。我怀疑，如果马克·吐温小说中的主人公汤姆·索亚①生活在今天，他可能需要服用利他林（Ritalin）②才能振奋起来。对于某些男孩来说，我们不恰当的期望会促使他们怨恨成人、行为堕落、厌倦学业，以及对正常的"男孩子气"感到可耻。

对女孩过分严苛的期望

我们对女孩的期望又是怎样的呢？

15岁的阿莱格拉美丽能干而且口齿伶俐。她在女子高中就读，各科成绩都很优异。阿莱格拉也会演奏低音管，这倒并不是因为她喜欢乐器的音色，而是因为她相信掌握这种高难度的双簧片乐器有利于她顺利入读常春藤盟校。

阿莱格拉没有时间去参加聚会，她大部分时间都在努力学习。她经常在午夜或凌晨5点起床学习，她的阅读量是老师分配的英文阅读量的两倍。就在去年，她还是一个快乐的中学生。而现在，她的体重已经减轻了10磅，时常胃疼，因为在学习时爱将头发缠绕在手指上，已经隐隐看上去有些微秃。

如果说男孩在小学期间有可能被扼杀活力，那么女孩面临的挑战则大不相同，那就是在青春期实现父母对她们过分严苛的期望。阿莱格拉就因为长辈要求她在各方面都出类拔萃而压力重重。她怀着与所

---

① 美国小说家马克·吐温1876年发表的长篇小说《汤姆·索亚历险记》中的主人公。
② 一种中枢神经系统兴奋剂，被广泛应用于注意缺陷/多动障碍（ADHD）和嗜睡症的治疗。

有女孩们相同的信念：必须做一个体贴的倾听者，要擅长英语和艺术，身材要像模特那样苗条。她认为，要真正出类拔萃，还必须从在传统上只有男性从事的所有领域中脱颖而出，比如在科学博览会上获奖，加入大学排球队，当选为学生会主席。阿莱格拉这样谈论她的未来："我知道我志向远大，有时我甚至觉得，如果我此生没有参加过首脑会议并亲自参与解决卢旺达的饥饿问题，我就是失败的。这不是针对我父母的期望，而是就我本人而言。"

尽管我们在促进妇女平等权利、认识到男性的情感脆弱性方面已经取得了长足进步，但我们仍忽略了男孩和女孩所需要的其他方面的保护，即保护年轻男孩与生俱来的粗犷和勇气，保护女孩免受事事处处力求完美的过高期望所侵扰。如果我们想要让孩子们茁壮成长，我们就必须尊重他们自身的本性：男孩子气或女孩子气、内向或外向、狂放或温顺。

矫正观念：每个孩子都是独一无二的

哈西德派的思想中有一种平衡的观念："口袋里要永远放着两张纸。一张写着'我是一粒尘埃'；另一张则写着'世界为我而造'。"神圣与平凡，在犹太教的理念中是水乳交融的。一年中最圣洁的日子不是赎罪节，而是每个周六。这本来是每个星期中平常的日子，但它之所以变得如此独特的原因是：按照犹太教传统的教义，成群的看护天使会跟随每个人从教堂回家，帮助他们在当天保持着独特的心态。

放下孩子
The Blessing of a Skinned Knee

在犹太教中，圣殿不是宏伟壮丽的教堂，而是在后院或阳台搭建的、方便在初秋时节庆贺万物丰收的简陋小屋。圣物呢？就是用羊皮纸缠绕在两个不起眼的木制滚筒上的《摩西五经》。圣餐呢？是普通的鸡蛋面包：白面包。世界的未来取决于什么呢？不是取决于伟大的英雄主义行为，而是取决于正在学习传统文化的学童。这种非常民主的制度将特殊的恩典给予了每个孩子，却不会将任何人吹捧到天上。

在犹太教中，我们可以找到一种解药来矫正我们文化所形成的这种"特殊性"。犹太教要求我们在抚养孩子时，不是希望他们成为救世主弥赛亚，而是希望他们成为自己。不妨思考一下早期哈西德派领袖和民间英雄祖雅拉比的智慧吧。祖雅谦虚仁慈且广为人知，尽管对《摩西五经》知之甚少，但他因清白和正直而获得了声望。他在去世前说："当我去世以后，上帝不会问我为何不像摩西，而会问我为何不像祖雅。"

犹太教不断提醒我们要考虑孩子的差异，并让其天赋展现出来。在整部《摩西五经》中，圣贤们都谈到我们在布道和引导他人时需要因人施教。在逾越节的宴席上，我们会按照传统的教导讲述先民获得自由的故事，这样一来，不仅聪慧的孩子能够理解它，淘气、幼稚和无知的孩子也能理解它。每个人的能力各不相同，各自拥有自己的风格和语言。犹太教传递的信息始终是每个孩子都是独一无二的。不能用同样的方式对待所有孩子，否则你将无法打动他们。

如何能清晰地觉察到孩子的天赋和不足呢？我们能够并应该在多大程度上听凭上帝的安排呢？以下有一些准则，曾经让接受过我心理辅导的许多父母受益匪浅。

第 2 章　接纳之福：发现孩子的独特之处

了解并接纳孩子的性情

我曾经读到过"现代教育家"的精妙学说。原话是这样的："试着将你的孩子当作一颗没有标签包裹着的种子。你的工作是给它提供合适的环境和营养并清除杂草。你无法决定花朵的类型和开花的季节。"如果我们乐意接受孩子的差异，就能提供必要的土壤让他们蓬勃生长。

西蒙的父母来向我咨询，因为他在学校成绩落后。西蒙在三个孩子中排行第二，他的节奏和天分不同于其他家人：吃饭更慢，不喜欢阅读报纸上的漫画页，运动天赋更好，艺术气质更强，比父母和兄弟姐妹外向。如果全家人外出郊游，遇到有人在吃冰激凌甜筒，性情随和的西蒙可能会说："好像还不错耶！是什么味道的？"然后，他就毫不费劲地结交了新朋友。

西蒙就读的学校课业繁重，他很难跟上学习进度。在我与这个家庭会面时，西蒙脸色苍白，沉默寡言。他五分之四的科目都要请人辅导，同时还在接受注意缺陷/多动障碍的治疗。此外，他还食欲不振，脸部抽搐。后来，西蒙转到了一个节奏较慢的学校，交际和学业的压力都减轻了，他也不必再去补习功课，而是改成每周放学后去溜冰两次。于是，西蒙慢慢康复了，不再需要通过服用药物来专心完成功课和家庭作业，整个人的情绪也好起来。

许多家庭都有西蒙这样的孩子，他们的天赋、节奏和需求都与其他家人截然不同。你的"另类"孩子可能节奏很快、不耐烦并且风风火火，而其他家人往往行动较慢，会再三思忖。要明白，孩子的气质是天生的，已经烙在他的个性中，即便他想改变，也难以扭转。如果你难以理解他应对世界的方式，不要因此感到烦恼，而要尝试去容忍这种差异的存在。

我们理应知道，"正常"这个术语在精神病学中有广泛的含义。在一项具有里程碑意义的性格研究中，美国研究学者斯特拉·切斯和亚力山大·托马斯发现，在婴儿期孩子的天性就会显示出差异，但这些差异都是正常的。他们研究的特征包括：

·**情绪强度** 有些婴儿很少哭泣，也容易安抚，有些婴儿则经常感到沮丧或不安，有时会哭闹数个小时。

·**持久力** 有些孩子很容易投身新活动，不会坚持己见，而有些孩子则拒绝合作，并坚持继续从事自己所选择的活动。

·**灵活性** 有些孩子对变化、惊喜或偏离常规具有很强的适应力，有些孩子则坚决拒绝任何新事物，例如切成三角形而非矩形的吐司。

·**敏感性** 有些孩子往往无法忍受噪音、异味、粗糙或黏糊糊的东西，或者衣服上的标签。这些孩子通常洞察力很强，能感知情感的细微差别或视觉上的细枝末节。他们会注意到你的情绪变化，排水沟中的彩虹，妈妈的新耳环或是意大利面条形成的字母"X"。

·**活力** 有些孩子睡觉时会翻来覆去，进出门时会跳起来触摸门楣，每顿饭都会打翻牛奶，也不能忍受长时间的乘车旅行。有些孩子则会静静地坐着玩几个小时，慢悠悠地转入新的活动。

- **应变能力** 遇到新情况如新食物、新的汽车座椅或新的玩伴时，有些孩子的最初反应总是谨小慎微，有些孩子则会立刻融入其中。
- **情绪** 有些孩子开心而乐观，有些孩子则严肃或易怒。
- **社交能力** 有些孩子较为孤独和内向，他们通过乐高积木或拼图游戏等单人活动来调节情绪。而有些孩子会通过与人交往来调节情绪，他们乐于分享想法和感受，喜欢交流并且很贴心。这些孩子会跟着你去洗手间，站在门外不停地自言自语。

父母常常将孩子的某些行为视为叛逆，但事实上，他只是忠于自己的天性。在某种程度上来说，这源于我们希望孩子成为自己的作品。我们指望他们酷似我们（且比我们更优秀、更聪明、更有志向），如果他们朝不同方向上走得太远，我们就会认为他们这样做肯定是为了吸引注意力或是想反叛。领养孩子的父母会认识到自己与孩子之间的固有差异，但是亲生父母有时却迟迟领悟不到这个事实。了解孩子的气质，是我们可以馈赠给孩子最慷慨的礼物；而在了解以后，我们就要学会努力接受它。

适应性别差异

在选择批评的目标时，你需要小心谨慎。丽莎告诉我，在她打算

放下孩子
The Blessing of a Skinned Knee

放松对儿子奥利弗举止的严格要求后,她便意识到:"我始终都在数落他,就像个诊断医生一样,无论什么时候让我看到奥利弗的状态,我都可以告诉你他做错了什么。"

她决定不再动辄批评儿子,而是选择每次试着纠正孩子的一种行为。她首先选择纠正他跳上家具的举动,试图从几个不同的角度来解决这个问题。考虑到儿子精力充沛,她给他提供了新的跳跃机会:在家庭娱乐室中配备迷你蹦床。她还在沙发上放了张写着"不许跳跃"的牌子,之后要是奥利弗继续跳跃,她就会禁止他进娱乐室:"抱歉,奥利弗,你今天失去了使用家庭娱乐室的特权。你肯定还没忘记昨天定下的规矩。"等到"不许跳跃"成为习惯以后,丽莎就开始帮助奥利弗记住:在家的时候说话要平缓,而不是大喊大叫。丽莎解决其他行为问题的方式是保护奥利弗远离诱惑。既然奥利弗在超市里会忍不住推着购物车沿过道狂奔,她就决定,除非别无他法,否则就不带奥利弗进入超市。她的总体目标是什么呢?就是避免给奥利弗留下他应该为自己的粗鲁行为感到可耻的印象。

为了帮助你的女儿在充满各种期望(成为完美无瑕的美人,成为未来的外科医生)的世界中保持平衡,你应该坦率地与她讨论这些问题,并谈论需要将所有事情做得尽善尽美的压力。鼓励她追求自己的兴趣以及让自己感到开心的事情,而不是全力以赴地渴望在大学成绩单上获得高分数。不去嘲笑或贬低她青春期早期的虚荣心或对男孩的痴迷。你还要留意自己树立的榜样。有个妈妈在我们的课堂上说,她照镜子时总是会摘下眼镜,这样她就不会因为距离太近而看到自己的缺陷。还有个人向我们坦白说,她每天要称两次体重。实际上,向你的女儿隐藏这种把戏是没有用的,她洞若观火。如果你热衷于批评自己,那就不要指望她也接受自己的缺点。如果要真正为她树立榜样,那你必须摆脱束缚,接受镜子中真实的自己,就像上帝当初创造了你那样。

承认孩子"足够好了"

英国儿科医生和精神分析师唐纳德·温尼科特[①]经常写些关于"足够好的呵护"和"正常的尽职母亲"的文章。他说,"如果具备充足的条件,就能实现与生俱来的潜力"。他说的是"充足的条件",不是最好的条件。我们做任何事情都只能尽力而为,无法控制结果。但在竞争激烈的世界里,我们很容易忘记这个道理。如果孩子没有取得非凡的成就或者不太开心,我们就会责怪自己,责怪孩子的老师或归咎于其他外在因素。

温尼科特医生在提醒我们,让孩子蓬勃发展,并不意味着孩子需要在任何事情上都做到最好;相反,他们只需要足够好的东西。这包括足够好(但略乏味)的家庭作业,足够好(但有点暴躁或资质平平)的老师,足够好(尽管会受到昆虫的侵扰并且有些潮湿)的夏令营,以及足够好(尽管有些专横且肤浅)的朋友。要认识到,"足够好"通常对你的孩子来说就是最好的,因为生活大多时候都是平淡无奇的,

---

① 英国儿童心理学家、精神分析学家,著有《涂鸦与梦境》《游戏与现实》等书。

偶尔才会荡起波澜。这样一来，你的孩子最终才不会因为对自己或周围的人们怀抱着在尘世间不切实际的期望而受挫。

最近，我的一个熟人和她上六年级的女儿加比进行了一次"足够好"的大胆尝试。加比在私立学校就读，说不上不开心，但她有些缺乏热情。妈妈每天晚上都不得不督促她做作业。测验表明加比天赋异禀，有资格进入天才班，于是，妈妈将她从这所私立学校转到了有2000名学生的公立中学。新学校的浴室很脏，中午之后加比就绝不会再使用它们。在她入校的第一年，就发生过两次学生在校园因携带武器而被捕的事情。她以前就读的学校每个班级有22名学生，而在这所新学校里，每个班级有34名学生。但加比这样描述这段经历：

> 我以前从未意识到这点。在以前那所私立学校里，我以为是自己出了问题：我喜欢读书，班上的同学却没有谁同我一样家里到处都是书。我的新学校很有趣。和我上课的所有孩子都像我这样幽默风趣。他们和我阅读相似的书籍，我们还会交换着阅读。我比去年辛苦十倍，但这是值得的。我在这儿感到无比高兴。

加比的父母留意到了女儿的需要，并趁机为她提供了帮助。虽然校园、班级人数和洗手间都远远低于父母的首选标准，但对于加比来说，新学校已经足够好了。

第 2 章　接纳之福：发现孩子的独特之处

不要强迫自己成为超级父母

我遇到的许多父母都在拼命成为完美的父母，为孩子打理各种各样的事情，以至于失去了育儿的乐趣。他们筋疲力尽，在不知不觉中产生了不满，因而无心领略孩子在美好的童年时光里那些令人惊喜的表现。这些父母觉得自己需要分秒必争。如果拉娜在水坑中玩耍，妈妈就要趁机给她讲授有关微生物的知识。如果处于青春期的布兰登躁动不安或心情不好，父母就会努力探明真相，而不是任其自然。

完美的父母们可分为不同的类型。有些全职在家带孩子的妈妈认为她们应该出色地完成育儿工作，以便向自己和其他人证明她们成功地掌握了育儿艺术、技巧和科学。有些全职上班的妈妈希望为孩子做些非常特殊的事情，因为她们没有像自己的母亲那样花那么多时间陪伴孩子，因而会感到内疚。从事兼职工作的妈妈则会兼具这两种心态！此外，我们所有人都是"老年"父母。这些珍贵的"小小船只"承载着我们的希望和梦想，我们便将他们变成了自己人生的最新计划。人到中年，我们认识到死亡即将来临，就开始对自身和孩子抱有不切实际的期望。

我对所有这些父母的建议是：容忍某些效率很低的时光。不要对自己和孩子抱着过高的期望。不要再去规划，因为你本质上的平凡无奇和家庭的乏味环境会让孩子感到失望。让孩子自由发挥，静待结果。只需努力成为"足够好"的父母，而不是了不起的父母。这可以让家庭中的每个人放松身心，生活也会出人意料地变得更加丰富多彩。

配合孩子的老师

再多的鼓励或再优秀的教师都不能让每个孩子十全十美。通常都是老师在传达这样的信息：我们的孩子不会是下一个爱因斯坦或居里夫人。大多数的父母都不愿听到这个消息，这不仅仅限于低年级学生的父母。去年，我接到一个父亲的电话，他怒气冲冲，觉得二年级老师对他儿子的做法简直是在侮辱他：

> 里德的老师不重视他的特别之处。他十个月时就会说话了，上幼儿园前就玩过复杂的电脑游戏，他的智商和创造力让每个人都大为惊叹。但这位老师是个例外。她似乎只关心他偶尔没有完成家庭作业，还有他在课堂上说话太多。我和妻子想和另一位二年级老师面谈，尽可能将里德转到她的班级，但是学校认为我们这样做的理由不充分。

我认为将里德换个班级至少传递了三层不好的信息：一是任何时候只要对情况不满意，他都可以逃避而不用正视它；二是不必遵守常规原则；三是不必尊重老师的权威。这位父亲对我的看法感到不满。于是我告诉他，当父母抱怨孩子的老师很糟糕时，我通常会说："太好了！他会学习到与老师打交道的一整套技巧，这些技巧会在工作和婚姻中派

第2章 接纳之福：发现孩子的独特之处

上用场。"如果你觉得学校的每位老师都是平庸之辈，那就麻烦了。这可能是因为学校不适合你，也可能是你的标准不切实际。

成绩单会最终考验父母与老师的关系。今天的老师都把建设性批评的技巧运用得炉火纯青，即肯定孩子并培养他们的长处。在许多学校中，男孩和女孩都备受溺爱和保护。他们的成绩单就像抒情散文，详细记录了他们所有的非凡之处。有个校长指出，成绩单已经兼具"浪漫小说和法律文件"的气息。

相比之下，我的两个女儿所就读的犹太学校则相当实事求是。我记得某次家长会（还包括闲聊）只持续了不到7分钟，但我们却了解到了关于女儿的必要信息：她表现很好。如果想要获得恭维，我们可以和她的祖父母谈论她。学校不是游轮。当女孩们毕业时，她们不会吃惊地发现，生活并不是始终都充满鼓励的。不幸的是，这种直截了当的方法只是例外，而不是常规。

最近的趋势就是热衷于"乌比冈湖"式的报告卡。在20世纪的大部分时间里，当谈及成绩这个话题时，我们都不会顾忌孩子的感受。20世纪20年代，作家罗尔德·达尔在寄宿学校读书时，他的英语作文老师就这样说过他：

> 我从来没有见过其他男孩会像他这样，始终坚持正话反说。他似乎无法将自己的想法诉诸笔端……向来懒散。想法很有限……固执糊涂。词汇贫乏，句子结构错误。他让我想到了骆驼。再来看看他的拳击报告。同样的说法也成立。反应太慢，太笨拙。他的出拳时机不对，对方很容易防守。

而这位老师激烈的评价让我想起，如今大多数成绩单都不会这样直言相告了。我们需要耐心地让孩子培养自己的才能。如果你能够冷静地观察孩子的早期努力和时好时坏的成绩单，你就会发现他们在如何通过艰难的思考和成长不断向前进步。

每周，老师几乎都会耗费与你相同的时间来教导孩子。尽管你很了解自己的孩子，但老师是7岁孩子的专家，比你更加了解他们。要让老师有权质疑，不要试图反击或辩解，这样他更有可能支持你和你的孩子。

想知道应该将孩子的不良行为视为问题还是正常举动吗？那就联系你附近的非临床专家（老师）吧。如果你女儿的数学老师和科学老师都说她表现不佳，你也对她的能力感到沮丧，不妨安排时间同她的美术老师和音乐老师见个面，了解下她的学习方式，以及她对哪些优势领域充满热情。然后，和数学老师见面时，带着这些信息参与讨论。如果是社交问题，那么请收集相关信息并与社交专家（孩子朋友的父母）进行交谈，以了解孩子与同伴玩耍和借宿的情况。你还需要了解其他父母是否也有同样的期望和问题。犹太教的智慧告诉我们，不要让自己脱离社区，而要利用它来获得帮助并不断成长。

热爱孩子真实的样子

贤哲们建议我们学习《摩西五经》"纯粹是为了学习本身"，而不是利用学识出人头地。育儿的悖论在于：如果我们爱孩子本来的样子，

第 2 章 接纳之福：发现孩子的独特之处

而不是爱他们所取得的成就，那么他们更有可能发挥自身的真实潜力。如果过于重视科科都名列前茅的成绩单和各种课外活动的价值，孩子可能会觉得，要想继续赢得你的尊重，他就需要在所有方面都表现出色。但是，如果他能够感受到你尊重他与生俱来的样子，那么即使没有树枝上的彩带，他也会拥有必要的信心让自己光彩照人。

第 3 章

尊敬之福：
以身作则赢得孩子的尊重

如果你不教育孩子尊敬你，
你将很难教给他们任何东西。

最近的某个下午，芭芭拉女士致电邀请我到她儿子所在的学校演讲。在谈话结束时，她大致是这样说的：

> 我觉得你可以在4月10日星期四演讲，你查看过最下边的抽屉吗？因为在星期三，四年级学生的父母，试着在爸爸的桌子上找找，会去静修处接他们的孩子，不是在晚餐前，他们那天晚上很可能会待在家里。我说过你可以把这个当甜点吃，但不是现在。你4月10日那天有空吗？

我必须分析哪些消息是芭芭拉说给我听的，哪些信息是她说给她的儿子山姆听的，因为她打电话的时候，山姆在寻找透明胶带，并缠着母亲要吃冰棍。我心中很恼火，不知道这是芭芭拉的问题还是我自己的问题。难道她是个随和的好人，但我却挑剔又守旧？她当时忙得不可开交吗？或者，她容忍儿子这样打扰和操纵她其实是在害他？

父母常常抱怨得不到尊重，认为有些事情很严重，比如："她竟然说'妈妈，我希望你死。越快越好。'"也有些事情看似微不足道，例

第3章 尊敬之福：以身作则赢得孩子的尊重

如将奥利奥屑洒到了父母的床上。通常，父母们会抱怨孩子顶嘴，在家长拒绝其要求后大哭大闹，在家里不大力督促就不帮忙做家务活，还擅自使用父母的物品。这让我感到担忧，因为我预见到未来的世界将充斥着以自我为中心的、粗鲁的、自私的人们，而他们正是我们长大成人的孩子。

《摩西五经》里有些段落要求我们爱上帝，爱自己并爱我们的邻居。然而，上帝并没有在任何地方命令孩子必须爱他们的父母！第五条诫命"尊敬父母"也是指行为，而不是感情。正如上帝知道人们难于感恩却很容易嫉妒，他也意识到孩子不会自然而然地尊重父母，因此才有这条诫命。

十诫中包括了第五条诫命，这证明粗鲁的孩子并不罕见。今天，体贴而公正的父母比以往任何时候都需要自觉地努力在家庭中建立自己的权威。然而，与我交谈的许多父母实际上都不好意思要求孩子尊重他们。他们告诉我，他们不愿意成为权威人物，否则会觉得自己专横、僵化和缺乏民主。他们中的许多人更喜欢将自己视为孩子的朋友。我听到妈妈们炫耀说，自己和孩子喜欢同样的风格、同样的电影和同样的音乐。

但孩子们并不需要两个高个子朋友。他们有自己的朋友，这些朋友都比你更酷。他们需要的是父母。只有你才能够引导和保护他们，让他们茁壮成长；只有你才能够教给他们文化规则，这样他们在成年以后才会知道如何融入社会。问题是，只有孩子尊敬你，他们才会接受你的引导并听取你的建议。实际上，可以很客观地说，如果你不教育孩子尊敬你，你将很难教给他们任何东西。

两千多年以来，犹太教都深谙家庭生活的动态，它能够帮助你在家庭餐桌上占据尊位。《摩西五经》告诉我们，在上帝造人的过程中，有三个伙伴：神、父亲和母亲。"如果人们尊敬父母，神说，'这样，我就与他们同在，因为这就等于是在尊敬我。'"在人世间，父母就是神圣的化身。敬畏父母，就是子女向上帝表达敬畏的机会。在家尊重父母也有助于孩子从家庭生活转向社区生活，这是步入文明社会的一种方式。

理当尊敬长者

父母是孩子的榜样。如果要孩子真心尊重你，那就需要让他们知道哪些行为表明了尊重。他们不只倾听你的言语，还会观察你以及你的配偶如何对待自己的父母。犹太神学说：行为重于信条。这是说上帝更注重我们的行为而不是誓言，注重我们待人接物的方式而不是祷告本身。《塔木德》中的圣贤们曾教导说："上帝说，'人们与其相信我却不遵守我的律法，还不如背弃我但遵守我的律法。'"

市民施穆尔的故事完美地表达了这个真理。施穆尔的父亲年事已迈，时常把菜汤洒在桌布上。某个晚上，精美的茶杯从老人手中滑落，摔碎在地板上。

"爸爸，从现在开始你要在自己的房间吃饭，"施穆尔说，"你以后就用这个木碗吧。这样，你就不会摔坏它了！"

第二天施穆尔回到家，看到年幼的儿子坐在地板上削厚厚的木块，

第 3 章 尊敬之福：以身作则赢得孩子的尊重

便问他："亲爱的伊兹克，你在干什么呢？"

"这是给你做的，爸爸，"男孩回答说，"等你老了，双手开始颤抖的时候，就可以用它在自己的房间里吃饭。"

如果我们家中有年迈的父母，这个寓言故事可能会令人心寒。我们是否给予了父母应有的尊重，或者我们真的那么急于完成事情和步步高升，然后为了省事而丢个木碗给他们吗？

说句公道话：即使我们愿意，有时也很难向父母表达尊重。我们不是铁匠，也不是铁匠的儿子，因而他们无法向我们传授手艺。我们也不能经常见到他们。大多数老人都独立生活，他们有退休金，住在退休职工公寓里，也有足够的钱去看病。他们不需要我们提供经济援助，也不会住得离我们很近，以便协助我们照料小孩。我们越是不太需要对方，见面的次数也就越少。通常，只有在感恩节、逾越节和母亲节这样神圣的日子，我们才会举办家庭聚会。

我们的生活节奏以及我们可以使用的设备和服务，也削弱了我们与父辈之间的纽带。不妨观察你的孩子接下来要参加的生日聚会现场：即使相对年轻和健康的祖父母，在这些活动中也似乎只是象征性出席。他们仿佛来自远古文明的生物，无法确定点击手机上的哪个按键来拍摄视频而不是照片。他们愿意付出却显得多余，我们不需要他们准备食物或监督抢椅子游戏，因为食物来自达美乐比萨店，蛋糕来自面包店，娱乐活动也有专门的店铺负责。

由于彼此之间没有实际的需要，爱便成了全部关系的唯一根基。与父母的情感联系主要体现在贺卡、礼物和支票等抽象的东西上。甚至送礼也已成为富裕家庭的问题。有一位祖母感叹道："我不知道该为孙女买什么，她已经有三百条裙子了。"为了纠正这种情况，你需要最充分地利用彼此相处的时间，并且要下意识地创造机会来尊敬父母。在看重实际行为的宗教中，要表达尊敬和爱意，最好的办法就是做事。因此，请考虑给你的父母留下"做事"的机会。

这并不意味着简单地请他们临时照顾小孩，或者帮你从超市捎些东西。这样做的目的不是要帮助你解决麻烦或节省时间，而是让孩子体会到你珍惜父母为家庭做出的独特贡献。我丈夫的祖父可以同时学驴叫、雁叫和羊叫，并且模仿得惟妙惟肖，常常逗得孩子哈哈大笑。我的公公会陪着孩子在钢琴旁跳舞和唱歌。我的父亲非常擅于讲故事。我们要求他跟我们讲述他年轻时候的故事：他和其他年轻的冰激凌摊贩如何将装着货物的沉重箱子举过头顶，未经允许便跑进布莱顿海滩的水域，警察想要抓住他们并让他们缴纳罚款，但是警察又不想跑到水里去，便只能沮丧地放弃。父亲还告诉我和女儿们，他曾经在哈莱姆区的某个舞厅参加过舞蹈比赛，在萨克斯第34大街与年老的推销员们一起出售过男式西服，这些故事让我们非常开心。祖母和外祖母都预备了我不会烹饪也没有耐心烹饪的美食：黄瓜沙拉、炖肉、犹太脆饼和乌克兰开胃菜烤茄子。我和丈夫主动请求她们做这些菜肴，既是因为我们想大饱口福，也是为了让孩子们感受到我们有多么感谢母亲们的特殊才能。

在思考怎样鼓励孩子更尊重你之前，请先花点时间反思自己对双方父母的态度。现在尊敬父母，就等于是在决定孩子的选择：以后是让你在餐桌旁吃饭还是将木碗递给你。

第 3 章 尊敬之福：以身作则赢得孩子的尊重

我还想提醒那些对此心怀芥蒂的人们。在《密西拿书》[①]中，医生和哲学家摩西·迈蒙尼德曾经指导人们如何对待残酷、疯狂或犯过罪的父母。如果成年子女无法忍受狂暴的父母，他应该离开父母并委托其他人适当地照顾他们。孩子应该远离虐待他的父母，因为这样的父母也会对孙辈造成不良影响。如果父母需要太多的照顾，而子女无法照顾他们，那么《摩西五经》告诉我们可以雇佣他人来做这项工作。如果父母很富有，可以用他们的钱来支付工资，但如果他们囊中羞涩，成年子女则必须自掏腰包。任何经典都不建议我们充当受难者，但是犹太文学处处都在提醒我们：要体贴、尊重和关爱那些赋予我们生命的人，这是神圣的职责。

但我们并不值得尊重！

大多数读者都会同意：应该尊重父母。但是，你是否在很好地教导孩子尊重你呢？

- 在电话中与其他成人交谈时，你是否允许他们毫无必要地打断你？
- 餐桌上有你的固定座位吗？他们是否会坐在你的位置上？
- 他们是否始终以表达自己的观点为由来反驳你？

---

① 犹太教口传律法集的一部分。

- 他们是否在公共场合与你争论？如果有，频繁吗？
- 你是否会给孩子足够的机会来帮助你、体贴你和照顾你？
- 当孩子们自己去取果汁、香蕉和冰激凌的时候，会问你是否也想吃吗？
- 他们尊重你的隐私吗？他们是否会擅自进入你的房间并拿走你的东西？
- 你的大孩子是否会随随便便地使用你的数据流量，从而增加你每月的支出？
- 他们在家说话声音很大吗？在公众场合呢？

这些问题让你坐不住了吧？不要紧张，并非只有你是这样，许多聪明、善良、敏感的父母都会遇到这些麻烦。他们养育的孩子举止无礼，很大程度上是因为他们不要求孩子尊重父母。为什么这些父母会这样呢？深究下去，就是他们不相信自己应该得到尊重或者他们能够主导局面。在我的实践中和育儿班上，我遇到许多这样"不配得到尊重"的父母。现在我来介绍一二。

坚持"平等理念"的父母

从事自由职业的形象设计师彼得和律师林恩很难与他们10岁的女儿萨沙相处。通常，当夫妻俩问她时，她会翻白眼或不予理睬。萨沙未经许可就会穿林恩的衣服，她还会在彼得打电话时不停打断他。彼得的父母来访时，萨沙不会停下手中的事情，并拒绝去门口迎接他们。

第 3 章 尊敬之福：以身作则赢得孩子的尊重

"她这样做的时候你感觉如何呢？"我问彼得。

"她不愿跟我们亲近，这让我感到难过。"他说。

"难过？"我重复道。"你不感到生气吗？我连听你这样说都感到很生气。你没有考虑过告诉萨沙，她需要很礼貌地与家长说话吗？"

"在家里我们应该地位平等并相互尊重。"彼得回答，"我不相信天生的权威，我认为应该通过努力赢得权威。"

这就是问题的根源。我想到 60 年代末至 70 年代初"质疑权威"的徽章和 T 恤衫写道："永远不要相信 30 岁以上的人。"这对父母都远远超过了 30 岁，但他们的平等理念正在毁坏家庭生活。他们捍卫萨沙自我表达的权利，推崇没有等级之分的家庭权力结构，于是，这合理地掩盖了他们的烦恼、愤懑和伤害。他们说，毕竟这也是萨沙的家。

歉疚而不知所措的父母

塔玛拉是单身妈妈。她 6 岁的儿子杰克常常像个挑剔的丈夫那样，对她涂抹的指甲油、收听的广播电台或晚餐菜谱表达不满，而大儿子瑞安对宵禁置若罔闻，每逢这些时候，她都无言以对。虽然塔玛拉对儿子们的行为愤愤不平，但她会安慰自己说，这在同龄男孩中很常见，或者，她会习惯性地可怜孩子们，为他们感到难过，因为他们的父亲几乎没有管过孩子的生活。离婚所带来的歉疚让她觉得自己欠了孩子们巨大的债务，因而尽量不去想孩子们可能也亏欠了她，例如尊重。

"只要成绩好，可以不将我当回事"的父母

希瑟和罗伯特的儿子加文正在读六年级，他学习成绩优异且颇有运动天赋。他会趾高气扬地迈进家门，发号施令，要这要那。父母坦然地接受了他的无礼行为，因为加文的许多成就让他们非常自豪。夫妻俩采取的态度是："如果没有弄坏什么，那就不要修复它。"

认为孩子比自己更有见识的父母

来自俄罗斯的新移民伊琳娜和亚历山大难以融入新的文化环境中。尽管两人都成就卓著（伊琳娜是生物学家，亚历山大是工程师），但他们放弃了身为父母的大部分职权，因为他们认为两个未成年的孩子比他们更"美国化"。孩子们看了很多电视剧，说话很无礼。他们在回答父母的问题时会说"无所谓"或"我得知道原因"，而伊琳娜和亚历山大表现得好像并不理解孩子们正在使用盛气凌人的语气和言辞似的。他们反而提醒我：这是美国，所有孩子不都是这样说话的吗？

百依百顺的父母

大卫的儿子格兰特12岁了。大卫认为自己的父亲作风老派，属于那种"只对孩子发号施令却从不了解孩子"的家长，当他问"为什么？"时，父亲会甩过来一句话："我说这样就得这样。"所以，大卫

自己成为父亲以后，会认真而礼貌地倾听儿子的感受。但格兰特却很粗鲁，喜怒无常，而且很不听话，似乎并不感激父亲在努力了解自己。深夜的时候，大卫沉思着格兰特的未来。他意识到除非事情发生变化，否则格兰特终身都得面临与老师、教练和老板之间的各种矛盾。

因为我是妈妈：确立威信

当代的父母都会尽力尊重孩子的想法和感受，这很好！但是，世界却在发生翻天覆地的变化，家庭中的孩子摇身变成皇帝或公主，父母则俯首称臣。这些父母都有一个共同的信念，即相信父母与子女是平等的。他们之所以报名参加我的育儿课程，正是因为他们发现这种平等主义的哲学行不通。

孩子与父母不是同辈，他们也不想成为我们的同辈。在课堂讨论中，除了教授犹太教的智慧外，我还经常谈到驯犬师的智慧。这些专家知道，在狗刚刚成为家庭成员的时候，主人必须要确立对狗的统治地位。驯犬师教导新主人的方法是：不能让狗坐在比主人更高的位置上，不能让它抢在主人前面进入家门，要通过这些方式不断强化他们的"主人"地位。如果狗可以说话，驯犬师当然也不会让它们顶嘴。他们发现，如果让狗的地位高于主人，它们就会变得既胆小又专横。孩子们也是如此。

采取民主制度对待狗狗或儿童都会效果甚微，这只会让他们缺乏安全感。由于孩子们非常擅于辩论，所以父母们往往会上当，但孩子并没有足够的心理素质来面对辩论获胜以后的局面。他们更没有成熟到可以在观看电视节目时保持自律，学会监督自己的言语或者主动效法良好的举止。《圣经·箴言》告诉我们："要教导孩子走在正道上，等他长大以后也不会背离它。"必须要在孩子很小的时候就让他们知道这个家庭由你做主，并且要不断地提醒他们意识到你的权威，直到他们长大成人、可以离开家庭为止。

第一条诫命说："我耶和华是你的神……除了我以外，你不能有别的神"。这句话没有包含任何行为规则，完全不同于"谨守安息日""不要偷窃"或"不要犯奸淫"。"我是耶和华神"仅仅是开场白，却确立了上帝的权威，这样人们就会关注其余的诫命。上帝说"我是老板"，就像家长说"我是你的母亲"。

对于许多父母而言，诸如此类的唠叨会让他们想起那句无视孩子的老话："我说这样就得这样。"就像前文所说的大卫这类家长，他们害怕伤害孩子的尊严，这种尊严比他们自己的尊严重要得多。如果仔细审视第一条诫命背后的原因，我们就能够深入地洞察确立威信的方式。太多的例子证实：如果得体地说"我说这样就得这样"，这是完全合理的回复。

我们不妨来思忖，既然诫命本身合理又合乎道德，那么上帝为什么要费心对自己的权威小题大做呢？如果人们觉得各种诫命完全合理，他们不会自然而然地愿意服从它们吗？仅仅想要服从还不够。上帝知道，即使人们理解并同意法律，还是会有人试图绕过法律。上帝也知道，有些人不了解法律。如果不使用严厉的惩罚进行威胁，这两类人都可能忽略诫命。

第 3 章 尊敬之福：以身作则赢得孩子的尊重

同样的道理也适用于你在家里建立权威。首先，即使孩子知道连续看 4 个小时的电视不利于健康，但如果父母不介入，他们仍旧会这样做。这是人类的天性，只有更强大的力量才能促使他们摆脱诱惑。但同样重要的是，你无法解释某些命令，孩子也可能会顽固地拒绝理解某些命令。你的儿子可能会问："为什么只能柯克来我们家玩？我为什么不能去他家玩？"因为你知道柯克的父母对孩子听之任之，而你不希望儿子未经你许可接触某些节目、电影和游戏。这个固执的孩子每天下午都会恳求："为什么在我做作业之前不能看会儿视频？我发现有个视频在教我们如何在瓶中培养水母或制造微型无人机。我能学到很多东西！"你也知道将孩子从电视旁拉开，会让他产生不满、不合作的情绪。从非同小可的场合到平淡无奇的事情，各种问题都会纷至沓来。你可以花费数个小时来尽力解释每个决定，也可以直接回答"我说这样就得这样"，或者回答得不那么轻率。孩子的知情权不能取代其他的考虑因素。你的言语才是关键，而非解释。

按照"上帝就是这样说的"来行事，是犹太传统的根基。犹太法律分为两类：典章（*mishpatim*）和律例（*chukim*）。典章包括多部犹太法律，尽管它们由上帝颁布，背后却有清晰的逻辑。例如，遵守安息日属于典章的范畴，因为把每个星期中的某天定为休息日明显有实际而合理的好处。与此同时，典章要求在工作的当天向受雇人支付工资。这也很合理，因为它能维持良好的劳资关系。律例是缺乏逻辑根基的法规。它们超越了我们的理解能力，但我们出于对上帝的尊重和敬拜而遵守它们。犹太洁食法通常被误解为古代的拉比出于健康原因而制定的，但现在它们被认为是律例，即以特殊而圣洁的方式进食的神圣诫命。

严格地说，要求我们尊重长者的法律属于典章，教导孩子尊重长者可以获得很多实用的好处。但是贤哲们认为，为了孩子和你自身的利益，最好将第五条诫命（"尊敬父母"）视为律例而非典章。这样，就不存在诫命是否恰当的问题，也不用去争论父母的要求是否合理。它与实用性和逻辑性问题无关。如果"尊敬你的父母"属于律例，那么，我们这样做就是因为上帝命令我们这样做。

我们的规则是什么？

认识到你应该在家中扮演权威的角色以后，即便最初可能感到不适，但你现在也应该准备制定规则了。规则到底是什么呢？我们的社会是一个崇尚自然随意的社会，虽然我们需要为孩子们设置界限，但完全消除这种随意是不合适的。

犹太教在此大有用武之地，它为我们提供了一整套适用于所有年龄段儿童的基本标准，即尊重的"底线"。犹太法律要求成年人照顾年迈的父母，为他们提供饮食、衣服和住所，陪伴他们。换句话说，亦即不能忽略或遗弃父母。在孩子年幼时，犹太法律规定他们必须：

- 始终以温和的语气同父母讲话。
- 不要在众人面前反驳父母。
- 尊重父母和他人的隐私。

第 3 章　尊敬之福：以身作则赢得孩子的尊重

- 不要坐在父母的座位上。
- 尊重继父母。

有趣的是，两千年以前，拉比们就准确地识别出了这些对我们仍然最重要但也让我们十分苦恼的行为。仅仅前两条规矩就意味着巨大的挑战。孩子彬彬有礼，举止得体，以温和的口气同大人说话，并且不会在别人面前反驳你？这几乎是痴心妄想。但是，只要有足够的决心去克服孩子最初的反感和抵制，并相信最终的结果值得我们付出努力，我们就可以教会孩子改善他们的行为，让孩子更加尊重我们。

纠正言辞和语气

"我讨厌这顿晚餐！"

"奶奶身上有臭味，要我去她家，没门。"

"游戏还没结束，你走开！"

"可是为什么呢？告诉我为什么啊？"

语气和言辞密切相连。孩子不需要用言辞来表达消极的态度，咋舌、嘲笑、恼怒的神情能够传递相同的信息，但是言辞确实会影响孩子的语气。我们很难温柔地说出"嘘"这样轻蔑的字眼，同样，我们也很难在每晚都用讨厌的语气说"妈妈，谢谢你准备晚餐"。在心理学理论中，认知行为主义者认为：行为产生感受。换言之，与其被动地等待孩子变得言行得体，还不如帮助他们养成彬彬有礼的习惯。坚持每

放下孩子
The Blessing of a Skinned Knee

天和他们使用礼貌用语，感恩和尊重之情自然就会溢于言表。

除了以身作则之外，以下的短语和行为都有助于引导孩子关注自身获得的恩惠、自己的责任和他人的付出。要教导孩子尊重他人，不妨在最初时要求他们使用这些言辞：

- 问候和提问之前要先称呼父母："爸爸，我可以离开餐桌吗？""妈妈，谢谢你开车送我们到商场。"
- 将某样东西给孩子时，孩子要说"是，请给我"或"不，谢谢"，不能以默默点头或摇头作答。
- 到家或离家时，不要让孩子从你身边飞奔而去，直奔电视、篮球架或冰箱，他们应该先打招呼："嗨，妈妈，我回来了。""等会见，爸爸。"
- 与父母、朋友或兄弟姐妹同桌进餐时，孩子应养成自觉分享或为他人代劳的习惯："我给自己倒了一杯橙汁。你想要吗？""你想要薯条吗？"
- 孩子在就餐结束时应询问父母是否已经吃饱，并自觉地清理自己和父母的餐位。如果这显得有些过分，请将这种做法视为在公平地分摊家务活。不管怎么说，他们不能开车送你去购物中心。
- 只要门关着，即便没有上锁，孩子在进入你的房间之前都应该敲门，并说："嗨，是我 [杰米]。我可以进来吗？"

需要提醒读者的是：教导孩子学会尊重他人固然极其重要，但同样重要的是细心选择目标,以免成为军事教官。如果对孩子批评不休,他们就会对你丧失好感,最终你也无法教导他们学会尊重。所以,最好不要计较以下列举的孩子不够尊重的行为:

- 学龄前儿童在浴室说的傻话或悲伤、愤怒的话语:"妈妈,你就像便便。"或者像艾玛曾经对我说的:"我想向你扔上百块石头。"
- 在你斥责时孩子的发笑,通常表明了他们的尴尬而不是无礼。
- 10岁以上的孩子要求父母不要唱歌,不要在公共场合与他们太亲密,或不要在她的朋友面前背格子背包。
- 任何年龄的孩子翻白眼。

坚持说许多言不由衷的客套话可能会显得很无聊或迂腐,但我们正是通过这种方式才培养了孩子受益终身的习惯。犹太教强调,语言是向上帝的受造物表达敬意的工具。犹太神学也始终认为,细节非常重要。

情景喜剧的毒害

大多数孩子每天看电视节目的时间超过了与父母交流的时间。不幸的是,情景喜剧里的小孩会和大人顶嘴,没完没了地说俏皮话,很少礼貌得体地与父母谈心。还有,让许多家长感到匪夷所思的是:经常看电视节目的孩子往往完全意识不到自己语气无礼、言辞粗俗,反而觉得这很正常。

我的丈夫是作家,在家里谈论稿子时,孩子们会倾听我们的对话。如果他们回答问题的时候说"随便"或者"嗤",我们就会要求他们重新说。如果他们发牢骚和奶声奶气地说话,我们会说"你能换个语气说话吗?"或者"你能重新说那句话吗?我还不太明白"。如果孩子在回答问题时自作聪明,我们就回答他:"呃,噢,这像电视谈话,也许你看的电视节目太多了。"

我们这么管教孩子,不是为了羞辱他们或进行说教,而是为了教育他们自觉地好好说话,能意识到自己言辞粗鲁。我发现最有效的方式是点到为止,而不是滔滔不绝。没有必要挖掘孩子为何说话时带着挖苦或生气的口吻,重要的是改变他们的行为,而不是调整他们的情绪。要让孩子们知道,无论他们情绪如何,他们都应该礼貌待人。

在教孩子使用礼貌用语时,你要明确标准。如果孩子顶嘴,请握住他的手,冷静地说:"你不可以用这种方式和我说话。"记住,持之以恒同样重要。否则孩子不会当真,整个计划也就随之失败了。

言简意赅

犹太法令禁止孩子在其他人面前反驳父母,这貌似很简单。甚至"反驳"这个词本身就蕴含着"和而不同"之意,这与大多数人经历过的公开羞辱截然不同。就像大多数育儿问题一样,如果我们承认应该由父母做主,孩子在遵守我们制定的规则时无须理解或认同它们,这

第3章 尊敬之福：以身作则赢得孩子的尊重

将大大有助于解决问题。

但这并没有那么简单。你可能需要调整许多现有的策略，以便劝服孩子遵守公共规则。为了阐明其微妙之处，我给大家举个例子：7岁的鲁比和妈妈安准备离开聚会现场。首先我会解构她们各自传递给对方的信息，然后提供若干建议，帮助妈妈不再被鲁比牵着鼻子走。

安：鲁比，该回家了。

鲁比：不，妈妈，我不想现在就回家。

安：我们必须要走了。玛丽亚（在家照顾鲁比妹妹的保姆）希望我们五点回家，然后她得回自己家。

鲁比：打电话问她能不能晚点再走。

安：鲁比！我们该走了。

鲁比：别说了，妈妈！你为什么不能给她打电话？我现在不想回家！

安：是时候回家做晚饭了，你已经玩很久了。

鲁比：并没有很久。我还没有玩够。妈妈，求求你给玛丽亚打电话嘛。

安：（此时感到恼火、厌烦）鲁比，我们必须回家！（抓着鲁比的手臂把她拉走了）

这段母女对话的重点在于鲁比不愿离开聚会现场。但向女儿解释离开的合理原因简直是浪费时间。当时，鲁比既不关心保姆的家庭，也不认为自己已然在派对上玩够了，她想要玩上一整晚！安在等待鲁比"同意"离开,这实际上是给了女儿拒绝的余地。鲁比的反抗固然无礼,但却是安给了她这个机会。

安要怎样做才对呢?要调整目标,不是努力让鲁比同意离开聚会现场,而是强调她必须听从并尊重安的决定,这样,对话就可能会产生不同的效果。

安:鲁比,10分钟内我们就走,现在你可以开始跟大家道别了。

鲁比:不,妈妈,我现在不想走。

安:我知道你很难在兴头上离开。但是你得听我的,我们10分钟以内就走。

鲁比:我们为什么要走?

安:在开车回家的路上我会向你解释的。

鲁比:现在就告诉我。

安:鲁比,如果你以后还想参加派对,就得记住,在我跟你说该走的时候,那就要听话。

鲁比:好吧,但我们再找找派对的小礼物。

或者,鲁比还是说"我不要走"。那么,安可以先等待10分钟,然后抓住鲁比的手臂,坚定地将她带走。

在这个情景中,安既客观又坚定。她提前10分钟提醒女儿将要离开,然后简短地认同她的感受。她告诉女儿,她会在车上回答她的问题,但在当时则告诉女儿,这是不可违背的命令。鲁比继续反抗,安便暗示说，如果不守规矩，鲁比就不能再参加聚会。这时，安万万不能将这种强硬态度停留在口头上却不付诸实施，否则下次就失效了。

作为父母，你是孩子世界里最重要的成人。当需要离开派对现场、与同伴开始玩耍而后道别、完成家庭作业、上床睡觉或者起床的时候，孩子如果千依百顺并及时配合你，这就表明他非常尊重你。如果你总是过于随和、亲切，孩子就会不知不觉地利用这些时刻，趁机磨炼谈判技巧，而不是学习如何尊重父母。

这并不是说，你不必向孩子阐述你要求孩子这样做的原因。例如，在车上，安可以向鲁比解释派对礼仪："邀请函说明了派对结束时间，通常到了这个时间点我们就得离开，或者大部分人离开的时候我们也该走了。"但是，你在陈述原因时要言简意赅，不要奢望彼此能达成共识，而是利用这些机会让孩子学会尊重你。

教导孩子尊重你的隐私

在《圣经·创世记》中，即便上帝完全知道亚当在哪里，他也会在园外呼唤亚当，问"你在哪里？"，然后才进入园中。人们引用这个故事作为禁止惊吓他人的依据。尊重他人的隐私是犹太教根深蒂固的价值观。先哲教导我们："绝不能贸然进入朋友家中。"因为不要惊扰别人异常重要，所以大人甚至教我们：在进自家门前也要先敲门！

尽管孩子们会毫无顾忌地为自己争取隐私权，比如："妈妈！我们在召开花布小动物粉丝俱乐部的会议。这是私事！"但我发现父母们却在隐私的问题上不太讲究。他们告诉我，家里的主卧杂乱无章，到处都是玩具和脏袜子。无论白天还是夜晚，孩子们不用敲门就可以径直走进父母的卧室。

我的咨询对象乔恩和伊丽莎白与他们5岁的女儿汉娜就存在这类问题。近三个月以来，汉娜每晚都会在午夜至凌晨2点之间爬到他们的床上去睡。当我问及事情的原委时，他们承认这一切都始于某次乔恩因公出差。一天晚上伊丽莎白感到孤单，便允许汉娜在她的床上睡觉。这个举动打破了家庭常规并带来了相应的后果，此后汉娜连续多个晚上都爬到了他们的床上，抱怨失眠和各种日常烦恼。数月以来，这对家长都在说服自己相信汉娜出现了情绪障碍。于是，他们晚上会开着房门睡觉，"这样汉娜不用敲门就可以直接进入我们的卧室"。

"你不担心在你们做爱的时候，她进来打断你们？"我问道。

"嗯，坦白说，我们始终非常担心汉娜的睡眠问题，所以不太关注这类事情。"伊丽莎白坦言。

"三个月呢！每天晚上睡眠都被打扰会是什么感觉？"

"无论何时我都觉得很累，但我更担心汉娜。我想她肯定在做噩梦，要不然她为什么每天晚上都会醒来呢？"

"我觉得她是自然醒的，她尝到了甜头。我不太担心汉娜，我担心你们缺少隐私。如果让这种情况持续太长时间，也许得担心你们的婚姻了。"

最开始，伊丽莎白尝试采取"合理"的策略告诉汉娜，她在自己的床上也能酣然入睡。汉娜却向母亲保证，她在爸爸妈妈身旁才能睡得更甜。随后，伊丽莎白采用了不同的策略。过去，她太习惯于只关注汉娜的需求，而忽略了自己和乔恩的需要。现在，她告诉女儿："我和爸爸都需要私人空间，你必须在自己的床上睡觉。"伊丽莎白后来意识到这对汉娜也有好处。她和乔恩睡眠充足以后，变得更加平和、更有耐心，而汉娜也懂得了成人的尊严和权利。

各位家长，你同样可以做到。你可以将自己的卧室当作圣地，孩子在未敲门或未受邀请的情况下，禁止他们入内。他们要学会将玩具放在自己的房间里，学会在你打电话的时候不打断你。如果你相信个人隐私的价值，相信值得投入时间与精力来教导孩子学会尊重他人，那么孩子就能够学会这些礼仪。

家庭餐桌上要有固定的座位

在本章的前面，我谈到了彼得和林恩。他们的女儿萨莎会与父母争夺电话使用权，擅自借用母亲的衣服，甚至分不清父母和自己的物品。无论从抽象或现实的角度而言，"家庭餐桌"上他们三个人都没有固定的位置。萨莎可以随便就座，随便进食。

彼得和林恩都不满女儿的行为，却又不想专断或强硬地改变现状。我建议他们一家三口开会讨论这个问题，共同制定家人之间礼貌沟通的总体原则。

"但是，如果萨莎认为不存在问题呢，那该怎么办？"彼得问，"如果她不愿改正怎么办？"

"如果你让萨莎觉得自己理当享有特权，后果就是她不再听从规矩。"我回答。

我们首先谈到了争论的焦点：家用电脑。萨莎往往放学回家后会立即上网，但下午3点到5点仍然是彼得的工作时间，他也需要使用电脑。在召开家庭会议之前，彼得要求萨莎下线，但她置若罔闻，嘴上说着"再等等"，结果却会继续使用半小时或更久。彼得和林恩商议后制定了一整套新的规则：作为家长和家中的权威，电脑由彼得管理。萨莎如果举止有礼，才能获得上网特权。上网时间（刚刚放学回家后花15分钟查看电子邮件或搜索资料）由萨莎自觉控制，爸爸不会监管时间、提醒她，也不会因此生气。

从字面意义和象征意义上讲，你都应在家庭餐桌中坐在尊位，这种权利是神圣不可侵犯的。这意味着孩子必须尊重父母的个人物品、对遥控器的控制权、对安宁的需求，以及电话或互联网的使用权。为此，你的期望必须明确，你的态度必须冷静、沉稳而坚定，并且必须向孩子表明你会坚持到底。

也应尊重继父母

《备好的餐桌》（*Shulhan Aruch*，16世纪的犹太法典）指出，人们必须尊重继父母，并补充说明，即便在亲生父母去世以后，也依然要尊重他们。这既是为了尊重长者，也是为了维护家庭和睦。如果你因离婚而感到愧疚，或者害怕失去孩子对你的忠诚与感情，你可能不会要求他们尊重你的新伴侣。孩子的亲生父母仍然拥有管教权，但要维持家庭和睦,就必须尊重亲生父母的新伴侣或继父母。无论孩子对其感觉如何,你都应该积极教导他们。如果你拙于应付离婚前后的育儿问题,我强烈建议你阅读安东尼·沃尔夫那本实用、睿智且富有幽默感的著作《你为什么只能离婚?我什么时候可以得到仓鼠?》。

要教导孩子在遇到不顺心的事情时依然尊敬成人,这样,他们日后在面对过度紧张的任课老师或大出洋相的粗鲁老板时,也依然能够保持冷静。当年迈的祖父母唠唠叨叨和用力捏脸颊时,或者当继父搬进你家并坐在亲生父亲以前坐过的椅子上时,孩子需要学会如何消除此类不适感。家庭是实验室,而你正在教授孩子"生活"这门科学。

教导孩子尊敬外人

《塔木德》有这样一个术语,"天下通道"(derech eretz),狭义来说就是礼节和举止;广义地来说,这个术语意味着可敬的行为准则。圣贤们教导我们,如果犹太人展示出"天下通道"的美德而不履行《摩西五经》的其他任何原则,他们仍然会获得上帝的奖赏。"天下通道"教导我们始终要体谅他人的感受。通过问候他人、邀请他人到家中做客以及无论在人前或人后都不妄议他人,我们就有机会践行这一准则。

犹太教非常重视社交礼仪,因为稳定健全的社区必然离不开这些。大人教导我们即使需要穿过马路,也要主动跟人打招呼,这样就不会让人误以为我们想对他敬而远之。当别人问候时,我们甚至可以暂停犹太教仪式中主要的祈祷活动之一——诵读施玛篇。问候可以被视为一种彬彬有礼的态度，或者更严肃地说，它象征着我们任何时候都希望尊重上帝创造的每一个人。因此，要教导孩子们学习如何问候和回复，这不仅是个礼仪课程，也涉及精神的富足。

在遇到陌生人时，大人和孩子往往都会感到有些尴尬，但成年人已经懂得克服尴尬的技巧。如果年幼的孩子将脑袋埋在你的双腿上，不肯说任何话，这并不是在侮辱任何人，但是 6 岁或更大的孩子需要学习如何克服这种油然而生的羞怯感。否则，双眼低垂并沉默不语将被视为无礼。有些孩子能够轻而易举地学会这些社交技巧，尤其是你能以身作则的话。但对于某些男孩和女孩而言，克服羞怯感却困难重重。

你不妨利用以下这些礼仪技巧来教导孩子如何问候：

- 眼神交流。关键在于察言观色。
- 问候时要先称呼人。如"嗨，萨拉"，"你好，纳赫曼拉比"。
- 微笑。
- 容忍闲谈。人们经常会向刚刚认识的孩子问些非常鲁莽或私密的问题。"你最喜欢的电视节目是什么？你喜欢你的妹妹吗？你的老师呢？你有男朋友吗？"告诉孩子，他可以很简短地回答这些问题，或者，如果不想回答，也可以转移话题，但是他必须开口说话。

就像其他事情那样，首先要在家庭中教导孩子如何妥善地问候。如果本杰明很用力地敲门，冲向房间时背上的背包差点把你撞倒，那他还得好好学习。如果要及时制止他的行为,请微笑着问候他并陪伴他片刻。然后,他可能就会知道如何问候他人了。

尊敬客人

《摩西五经》非常重视待客之道:要确保客人感到宾至如归,并充分关注他们。依据教导,我们必须做到以下几点:

- 在门口迎接客人并陪同他们进入家里。
- 客人逗留期间尽力营造愉快的氛围。
- 端上食物和饮料。
- 询问客人的兴趣爱好。
- 客人告辞时要送至门口。

假如要求孩子遵守这些规则,则意味着在约伴玩耍的时候,你4岁的孩子不能在房间里忘情地玩游戏,而必须到门前迎接好友。如果孩子在好友即将进门时仍然玩得非常专心,请预先提醒他。

2—5岁的幼儿在玩耍中往往会打闹起来。如果你确认朋友已经变成了"敌人",那么让他们道别似乎更简单些。此时,同样也要提醒两个孩子:"要开始打扫卫生了。萨米的妈妈很快就到了,你需要把萨米送到门口。"

有些父母担心,如果根据自己紧凑的日程表来安排孩子的约伴玩耍时间,可能无法很好地照顾孩子的情绪节奏。的确会这样,但大多数孩子都能学会适应父母的日程安排，并且礼貌对待。这也表明犹太教义为何会让父母受益匪浅，因为你知道自己努力的方向。你可以向任何年龄的孩子教导款待客人的规则，即使他们并不是每次都能很快掌握。

不要在背后品头评足

"你打算告诉校长应该开除哈特太太吗？"

"为什么你说杰克叔叔是个白痴？"

"为什么你不希望埃文跟我们拼车？"

世间的不公和堕落，经常不知不觉地诱使孩子抨击时事，或不断发出愤世嫉俗的言论："哈特女士根本没有资格教三年级数学""这个电视节目真白痴"或"真不明白为什么菲奥娜会和马丁共同生活"。许多睿智的父母都对此束手无策。这些脱口而出的消极言论会腐蚀孩子们的道德，扼杀他们的信仰。我们有责任重新点燃而不是破坏孩子们的热情和乐观。

同大人一样，孩子也喜欢听闲言闲语，当你贬损他们非常看重的人物时，他们会竖起耳朵认真聆听。偷听父母诋毁他人会造成什么后果呢？通常，孩子们会将我们草率的言论信以为真。如果他们觉得谁都可以在他人背后说长道短，那么，他们可能会变得拘谨，害怕自己的言行举止也被他人嘲讽。

《摩西五经》非常严肃地看待流言蜚语，闲话和谋杀都是同等严重的罪行："不可在人民中搬弄是非，也不可与邻舍为敌，置之于死地。"在摩西的姐姐说摩西妻子的闲话时，上帝特意惩罚了她。圣贤们教导过，流言蜚语会伤害三个人：传播流言的人、倾听者以及受害者。

在我的育儿课堂上，有个母亲将闲话比喻为精神污染，即使我们看不到，它也污染了我们呼吸的空气。我认为这个说法很恰当。圣贤们明确指出，"闲话"不仅是假话，也包含了不负责任的真话。在家庭内外，如果我们不能好言好语，我们就应该管住自己的嘴巴。这堪称我们能够教导孩子并亲身实践的最明智的事情。当然，如果你打算补救，那你应该让孩子们参与进来，或者至少让他们知道你在做什么。

最难的诫命

第五诫的全文这样说道："当孝敬父母，使你的日子，在耶和华你神所赐你的地上，得以长久。"上帝的允诺是"在神所赐你的地上，得以长久"。这不止包括你和你的配偶。你要养育尽责而知书达理的孩子，这样，他们不仅会照顾你的老年生活，而且还会关爱世人。

你最珍贵且唯一真正重要的遗产，就是你的孩子如何对待他们的同胞以及世界。这一切始终涉及尊重。

培养孩子成长型思维,
让孩子获得终身学习的能力!
扫码免费听《成长型思维训练》,
20分钟获得该书精华内容。

第 4 章

独立人格：
不可过分呵护孩子

✡

我们的任务是培养孩子不再依赖我们，
孩子的任务是找到自己的人生道路。

几年前，我在加利福尼亚北部一所顶级私立学校的礼堂做过演讲。我喜欢在这所校园演讲，因为家长们总能听懂我的笑话，捕捉到我传递出来的微妙含义。我甚至喜欢这里卫生间的装饰品，有孩子们手绘的精美瓷砖，安装着低矮的水槽，年龄最小的孩子也能得体地洗手。我讲了一个自己百谈不厌的话题——"在复杂的世界中抚养坚强的孩子"。在问答阶段，一位面带微笑、打扮时尚的女性举手提问，她看上去三十来岁。

"自从我女儿的朋友在大地震中受伤，女儿就无法独自入睡了，"她说，"我该怎么帮助她勇敢地面对黑夜呢？"

"她和你同床睡觉吗？"我问道。

"没有。"

"你怎么知道她感到害怕呢？她会大声喊你？"

"她没有喊我。她也不是独自睡觉。她和女管家睡在管家房里。"

尽管从事了这么多年的咨询工作，但我从未听说过这种情况。一位母亲居然愿意公开说出这些隐私，这让我深受震撼，于是我决定追根问底。

"你们家的管家不介意吗？"

"不。这是雇佣她的前提条件。"

"真人泰迪熊!"我惊叹道,"你的女儿有个真人泰迪熊!"

我担心我说得有点过分,但这位母亲却扑哧笑了,似乎明白了我的意思。我指出,这种解决女儿睡眠问题的温馨对策可能会导致女儿没有机会克服恐惧并不断成长,这位母亲表示同意。

回家以后,我仍然在想着这位母亲。她是大屠杀幸存者的女儿?她经历了其他的童年恐惧并将这种恐惧投射到了女儿身上?她的家庭中是否发生了其他不为人知的事情?然后我意识到,她的家庭可能并没有承受特别的创伤。事实上,我经常看到孩子们的这种恐惧,也经常看到家长们这种过度的呵护。

养育坚强的孩子

《塔木德》用一句话总结出犹太人的育儿观:"父亲有义务教导孩子学会游泳。"犹太智慧认为,孩子并不属于我们。他们既是上帝借给我们的贷款,也是他给予我们的礼物,但这份礼物有附加条件。我们的任务是培养孩子不再依赖我们,孩子的任务是找到自己的人生道路。如果在家庭的巢穴中过分呵护孩子,他们就会变得软弱怯懦,或者因为太舒适而不愿离开我们。

二十年来,我看到许多善良而乐于奉献的家长们越来越深地介入子女的生活。无论他们有多忙,孩子的问题始终占据首位。可是,他们并没有好好陪伴孩子,而是忙着烦恼和解决问题。这类父母是我经常遇到的咨询对象，要求管家陪同孩子睡觉只是其中一个很极端但也是自然而然的例子。小凯拉负担过重，只有她上舞蹈课时，妈妈才会抽空去图书馆搜集资料，完成关于霍皮族印第安人的社会研究。扎克的爸爸为扎克雇用了私人篮球教练，这样，在课余时间和男孩们打球时，扎克会觉得更安心。这些父母都不肯让孩子独自面对难关，也不允许他们的孩子未经父母检查就上交家庭作业。

我不反对父母帮助孩子完成家庭作业和培养其运动技能，但这些父母的所作所为已经远远超过了其本分。他们试图为孩子接种疫苗，以预防人生的痛苦。希伯来语中有句话这样说道：育儿过程中处处充满艰辛。这不单指抚养孩子时父母会经历的情感煎熬，也指期间孩子所遭受的苦难。不经历这些苦难，孩子就无法成长，无法学会"游泳"。但家长所有的关爱和呵护在传达一个信息：孩子没有必要学会如何自己应对风浪。

得知达斯汀的老师不允许他参与学校活动，只因他英语成绩刚刚达到及格线，他的母亲要求和校长谈谈。老师告诉达斯汀："只是成绩刚刚及格而已，我不明白她为什么要小题大做。"但就因为这样，母亲让孩子产生了虚幻的外界印象。而将来，达斯汀的大学教授、同事和雇主并不会优待他。艾莉因为没有接到咪咪生日聚会的邀请函而觉得很受伤，她的父亲便主动打电话给咪咪母亲试图了解原因，这就等于在教育艾莉：错过派对简直堪称灾难，需要采取特别的干预措施。我们在养育孩子时，就仿佛自己是游轮船长，必须顺利地将他们送到目的地（成人阶段），不让他们感受到丝毫的波澜起伏。但这其实是在剥夺孩子的权利。波澜起伏原本就是上帝的旨意。

第4章 独立人格：不可过分呵护孩子

"*mitzrayim*"一词在希伯来语中是"埃及"的意思，指"困境""逼仄之地"或"障碍"。在埃及法老的统治下，大多数希伯来奴隶都不敢想象他们能够成功地获得自由。《出埃及记》的注经者告诉我们，只有20%的人跟随摩西，其他人则出于对未知的恐惧而留在埃及。在养育子女的过程中，外界会让孩子们面临许多"困境"和"逼仄之地"。我们希望他们有信心渡过难关，然后离开家庭这个熟悉的避风港。如果过度呵护子女，我们的恐惧就会束缚他们。但如果我们给予他们自由，让他们在战胜困难的过程中变得强大起来，他们就能够和那20%的勇敢者同行了。

学会对孩子放手

在犹太教的神秘规则 *tsimtsum* 中，我们可以找到理想的心灵模式来慢慢放弃对孩子的控制权。*tsimtsum* 指"缩减神圣的能量"。最初，世间万物都是上帝，上帝在宇宙间无处不在。但是，为了产生某样东西，其他东西就必须退出。所以，为了给世界留出位置，上帝不得不稍稍后退。

起初，上帝与我们（他新造的脆弱生物）关系密切，根据我们的需要提供帮助。我们在埃及为奴时，上帝就降下瘟疫；我们需要迅速逃亡，上帝就分开红海；我们在沙漠中挨饿，上帝就显神迹降下吗哪[①]；我

[①] 《圣经》中古代以色列人出埃及时上帝赐给他们的神奇食物。

们口渴，上帝就让磐石涌现泉水。上帝每时每刻都在显现神迹。后来，随着我们成熟并能应对自如，上帝便继续后退，越来越少显示奇迹了。我们在独立成长的过程中，犯了很多错误，但是我们从中吸取了教训，因而三千多年以来我们都始终坚韧不拔。

新生儿的父母就像上帝，也是奇迹缔造者。孩子还在襁褓之中时，我们会小心照顾他们的吃喝拉撒，确保他们免受饥渴，并得到长期的保护和照料。但是，随着他们成长，我们需要抽身而退，不必再为他们铺平前路，也不需有求必应。我们要让他们自行学习化险为夷，容许他们做出轻率鲁莽的抉择，这样，我们才能教会他们如何承受生活的波折和打击。只有这样，孩子才能成长为坚韧不拔、自力更生的成人。如果始终有求必应，我们就是在不知不觉中延缓孩子自身能力的发展。

克服恐惧，教孩子勇敢

父母想要过度保护孩子的冲动往往源于恐惧。父母害怕陌生人、街道、互联网、购物中心，害怕孩子未能受邀参加聚会或未能就读合适的学校，担忧孩子的安全问题，担心他们沾染性、疾病和毒品等。在我的育儿课上，总有许多关于恐惧及其反面（自由）的问题：

"多大的孩子才可以独自留在家里？我仍然会为13岁的孩子雇佣保姆。"

第4章 独立人格：不可过分呵护孩子

"我该怎么向8岁的孩子解释我不让他独自前往餐馆洗手间的原因？我甚至都不想告诉他我担心什么。"

"我的女儿想上体操课，但我认为不安全。我听说某个奥林匹克体操运动员在平衡木上受伤后失去了一只眼睛。"

我12岁的咨询对象丽贝卡向我讲述的故事表明了我们传递到孩子身上的恐惧有多严重。某个工作日下午，丽贝卡独自在家，两个陌生的男女按响了门铃。她立刻惊慌失措，于是尽量悄无声息地在地板上匍匐前进了10分钟，以便溜到手机旁给妈妈发送短信，并确保这两个人无法透过窗户看到她的身影。等到妈妈回电话时，她已经累得筋疲力尽。

"妈妈说他们是顺道前来估价的庭院设计师，"丽贝卡回忆说，"妈妈并没有事先告诉我他们正在路上，因为她觉得，等到他们来的时候，她已经到家了。但他们提前2个小时来了！我永远也忘不了我当时有多惊慌。"

由于丽贝卡的父母频繁地警告她和陌生人打交道有潜在危险，丽贝卡的反应是无可厚非的。一个12岁的女孩完全可以应对这种情况——在这扇锁着的门后询问来访者的意图，但丽贝卡显然过于惊慌失措了。关于被诱拐的儿童罹难者的大肆报道让我们提心吊胆，我们便教导孩子们当心所有陌生人以及在任何反常情况下都做出最坏打算。于是，这样调教出来的孩子最终都在困境面前逃之夭夭，而没有迎难而上。

父母们认为让孩子免受身体和情感上的伤害是自己不可推卸的责任，于是一味地强调"安全"问题。但事实上，我们一天中总会有感到泄气、自卑、被排挤、被误解、受骗或者觉得很糟糕的时候，少量的情感痛苦可以帮助每个孩子培养必要的免疫力和韧性，从而面对学校和社会上的竞争以及生活中更大的不公。

要想真正保护孩子，就要教导他们学会自己管理风险，而不是保护他们免受各种伤害。过分担心孩子的辨别能力而不让他们独自上街，可能会造成一种高度自觉的心理瘫痪。如果孩子只能被迫捍卫我们教导给他们的信仰，我担心我们抚养的大多数孩子都无法勇敢，他们不会有成为勇士的意愿，也许更重要的是，这样的想法不会得到父母的支持。

弗洛伊德说过，精神分析的目的较为有限：将神经质般的痛苦转变成普通的不幸。犹太教教导我们，所有人毕生都应致力于培养良好的性格特质，其中一个特质就是忍受情绪困扰的能力。但是，向我咨询的大多数父母都认为孩子应该远离"普通的不幸"，他们应保护孩子免于悲伤、愤怒、恐惧、沮丧或失望的情绪。正统派心理学家、教育家米里亚姆·阿达汉认为：孩子们需要找到机会来学习如何应对情绪波动。如果父母急于消除他们的苦恼，孩子们就没有机会在痛苦中学习，并独自治愈自己。

消除烦恼的"20 分钟规则"

出于害怕，我们在育儿中过度保护孩子。这种害怕已经渗透到日常生活中并表现为一种焦虑。由于害怕孩子受到绑架，只要孩子走出

第 4 章 独立人格：不可过分呵护孩子

家门，我们就会不停地唠叨。有什么办法可以减轻这种担心，从而给予孩子更多成长所需要的自由空间呢？

首先是尽可能将常识和信念置于情感之上。向我咨询的父母都忧心忡忡，不仅担心孩子遭遇疾病、绑架或交通事故等各种大事，还凭空臆想出各种隐患，并为此无休无止地担忧。请看以下真实的例子：

"如果将伊娃送到幼儿园并不能真正让她适应学前班生活，那该怎么办？"

"如果班上那两个野蛮男孩影响到丹尼尔怎么办？"

"如果亚莉克莎和朱莉成为好友而忽略了克莱尔怎么办？"

"如果乔希在周三不能同时上希伯来语课和完成家庭作业怎么办？"

好吧，如果这类事情真的发生了怎么办？你也许会迅速估算问题并做出调整。这就是育儿的痛苦。如果你相信你可以抹去你和孩子生活中所有的痛苦，你便会为此花费心思，但最终却徒劳无功。反之，如果你运用常识（我们曾经克服了所有困难，这次也不会例外）和信仰（相信上帝），则可以稍微放松下来。"信仰"的精神训练要求我们为了孩子全力以赴，充分发挥自己的判断力，并将结果交给上帝。

犹太教同样要求我们做个开心的人。我们应该开开心心地遵守戒律。如果我们卓有成就且子女众多，就是履行了戒律；如果在育儿过程中心怀忧虑，就违反了戒律的精神。有个犹太教育家曾经这样说过：父母每天应该花费20分钟来思考孩子的教育问题。这既是上限又是

放下孩子
The Blessing of a Skinned Knee

下限！她告诉父母既要反思又要关爱，但却不能深陷其中。如果你每天担心孩子的时间超过了 20 分钟，那么你就没有恰如其分地履行抚养孩子的诫命。犹太教要我们不仅卓有成就且子女众多，还要享受这个过程。

那要如何评估自己是否在过度担忧孩子呢？如果你发现，哪怕是事情明显很顺利的时候，你也在考虑潜在的困境，你就是过于担忧了。还有个迹象就是你的孩子显得过于谨慎或焦虑。我最近认识了一群二年级学生，他们一起去骑马时，有个小女孩不愿意佩戴头盔，因为她的妈妈告诉过她不要戴任何人的帽子，否则可能会长虱子。还有个孩子抱怨马匹上的苍蝇可能会咬人。通常，过度担忧的父母会养育忧心忡忡的孩子，他们会认为世界让人无所适从又充满威胁。最终，如果你的配偶、孩子的老师或成年朋友告诉你："我不知道你为何要如此担忧。康纳看起来很好啊！"此时，你可能就需要放松下来，并开始遵守"每天 20 分钟"这个规则。

某些父母似乎觉得，什么事都不用担心可不是好事，务必要找出隐患。我小时候就知道这种现象，因为我的外祖母堪称这方面的专家。她会给自己制造无尽的担心机会，并在很长时间内沉溺其中。在令人担忧的事情迎刃而解以后，她会立即四处寻找新的目标。幸运的是，她有三辈人可以担忧。当女儿和外孙都很顺利时，她就开始担心重孙辈们。如果重孙们养育有方，能根据天气调整着装，她就为猫担心。如果她判断这只猫健壮又满足，她就转而担心植物是否健康或者担忧起邻居的孩子们。如果我们取笑她那无休无止的担心，她会宽容地微笑，然后一切如故。

第 4 章 独立人格：不可过分呵护孩子

从那以后，我断定外祖母是杞人忧天，热衷于未雨绸缪。犹太民间故事认为，如果你担心坏事发生，你就能防止它发生。烟囱打扫工约瑟尔的故事就是这样的。他被指定为海乌姆市[①]法定的"担忧者"，每周可以领取 1 卢布的薪水。海乌姆的某个居民抱怨道："如果约瑟尔每周获得 1 卢布的高薪，他要担忧些什么呢？"祖母秉承了这个古老的传统。我曾在给一位聪慧却害怕坐飞机的女士做咨询时，想到了祖母。这位女士告诉我，她担心飞机仅仅是靠她抓住扶手的力量才得以在空中飞行。之所以会形成这种想法，有一个原因是缺乏谦卑，我们可能会无知地认为自己能够掌控万事万物。正是出于这个原因，某些传统犹太人在谈论即将发生的事情时，总会在最后加上"如果上帝愿意"这几个字。这是在提醒：我们无法完全掌控自己的命运。

区分合理担忧与过度保护

当然，父母有理由担忧现代生活中的某些事情。在向我咨询过的家庭中，父母的担忧集中于三大问题：犯罪、安全和媒体（电视节目、音乐、电影和互联网）。与他们自身美好的童年回忆相比，这些担忧显得特别突出。将近 50 岁的咨询对象罗宾某天向我这样表达她的怀旧之情：

很可惜现在的孩子不能像我们以前那样生活了。我在 7

[①] 波兰东部的城市。

岁那年的夏天，每天都会冒险。我骑着自行车到处逛。马西娅、苏珊和我在散落着碎玻璃的空地上开俱乐部会议。我不记得有任何人受过伤。但我清楚地记得我曾教 4 岁的妹妹踩着原木和岩石穿过溪流。那个夏天，我们挨家挨户地兜售自制的食物。天黑时，父亲或母亲会在前门喊我们回家。只要在街区内，我们的安全都不是问题。

现在情况完全大变样了！有太多问题需要担心。我看到按邮政编码统计的已定罪儿童骚扰者名单以后，查阅了我居住的社区，竟然发现多达 14 名。后来我们搬了家，而这个社区也有 6 名。

毫无疑问，你有令人眷恋的夏日回忆。你可能也希望孩子体验到你在 7 岁那年夏天体会到的强烈喜悦和自由。如果是这样的话，请考虑你的过度保护是否就像现实世界一样，有可能给孩子的夏天笼罩上阴影。你必须要保护孩子远离危险、不良影响和风险，与此同时，你也应该仔细考虑他们实际上需要多少保护。

外面是丛林，不是吗？

毋庸置疑，今天的世界比以往的世界更加危险，我们谁都不会让 7 岁的孩子整个夏天都独自在街区闲逛，尽管这可能并没有我们想象得那么危险。

我们之所以不敢让孩子独自出门，部分归因于媒体制造的恐慌。

第 4 章 独立人格:不可过分呵护孩子

为博人眼球,媒体会报道骇人听闻的消息,并夸大其词、危言耸听。发生涉及儿童的暴力犯罪时,种种细枝末节便立即在全国传播开来。如今,人们对性侵害事件往往谈虎色变,包括神职人员的性虐待,以及涉及教职人员广为人知的案件……各类案件数量确实也正在迅速攀升。从20世纪90年代末的哥伦拜恩校园事件开始,校园枪击案便接二连三地发生,成为我们关注的焦点。即便孩子们在教室上课或在操场玩耍,我们都会担惊受怕。

广播公司也会夸大危险,就像《圣经》中的探子对未知之地的过度反应一样。穿过沙漠后,摩西和以色列人来到迦南附近,摩西派出由12名探子组成的侦察队去勘察地形,探子随后返回并报告说,这片土地上很危险,尽管遍地是牛奶和蜂蜜,但侧面已经被山上的敌人重重包围,对面则是海洋。其中一名探子迦勒仍准备前往,他说道:"走吧,我们很强壮,定能获胜。"但其他探子都惊恐万状并警告人们:"他错了,我们不能去攻击那里的人们,他们比我们更强大,这片土地是吞吃人的地方……他们都身量高大!我们看起来就像蚱蜢,他们一定也是这样看我们!"于是,所有人都放声大哭,然后反对摩西和亚伦:"我们想回埃及!"

随着媒体广播的影响,父母开始感到自己就像蚱蜢,根本无力捍卫自己的孩子免遭吞噬。但这种恐惧有何依据呢?统计数据表明,暴力犯罪的发生很少是随机或毫无预兆的,许多儿童是在监护权纠纷中被家人绑架的,只有极少数儿童受到了陌生人的绑架。有个古老的都市谣传:邪恶的陌生人不时在万圣节糖果里下毒,并把剃刀刀片放入苹果中。但1985年,社会学家乔尔·贝斯特揭穿了这个谎言,他追根溯源，发现这个谣言源自《纽约时报》于1970年刊发的某篇误导性文章。他还核实了1958-1985年间报道的每一起以讹传讹的事件，发现从来没有任何人因为万圣节糖果或美食去世或身受重伤。

你应该让孩子自己做出明智的判断和保持谨慎，而不是对夸大的威胁反应过度。如果你禁止孩子享有社区里其他父母给予孩子的自由，那你可能就是保护过度了。我们需要放手并向孩子表明，即使今天已不同于以前，但我们养育他们的这片土地仍然能够滋养和帮助他们。

安全因素

我的朋友凯西告诉我，她喜欢滑雪，但讨厌摔倒，因此她滑了两个季度的雪却一次也没有摔倒过。当然，她也仍然只在初级滑雪道上滑雪。如果父母过度保护孩子，热衷于维护孩子的安全，会让孩子成为胆小的兔子，而不是坚强健康的成人，从而顺利滑下更陡峭、更惊险的人生滑道。

你可能认为这些谨慎的父母在童年时代也受到了太多的保护，但实际情况恰恰相反。当我询问这些成人小时候做过哪些危险事情时，他们的应答速度快得令人震惊，我几乎话刚脱口，他们就会立即开始回忆起最欢愉的童年嬉闹时光了。有个妈妈说："夏天，我和姐姐将枕头放在被子里面，然后在晚上光着身子爬上屋顶。我们看着月亮和星星，感受微风阵阵。父母对此毫不知情。"

一位圣贤曾经说过，我们可以自行承担普遍存在的风险，上帝"会照顾傻瓜"。这意味着我们的决定有时候会让自己身陷险境，但此

第 4 章 独立人格：不可过分呵护孩子

时我们必须做出最佳判断，而不是为保证安全，不惜代价地退缩。将婴儿固定在汽车安全座椅上，或者要求孩子在骑自行车时戴上头盔都是合情合理的。但是，过度保护孩子会适得其反，这会让他们害怕独自面对世界。

对媒体的恐惧

我在犹太社团（友谊小组）和小群家长交流时，一位母亲黛博拉说了下面这些话：

> 我不希望我的孩子接触到其他孩子在电视和电影中看到的乱七八糟的东西。我有三个小孩，年龄分别是 3 岁、6 岁和 8 岁。我上周带两个大孩子去看了《泰山》，这是他们第一次看电影。我们家里也没有电视。我非常尊敬的阿姨最近告诉我，这样保护孩子是错的。她说："黛博拉，你必须放手，你这样会把孩子养成怪物的。"她是对的吗？

在与父母的接触中，我遇到了两种对媒体持不同态度的育儿哲学流派：一派是"没关系，每个人都在这样做"，另一派则是"完全禁止"。两者都涉及欺骗。前者没有保护孩子远离阴暗、过度色情或暴力的情景，而是让他们沉浸其中，无法正确对待这类情况。后者导致孩子无法获得乐趣和友谊，因为小学阶段的社交本钱在很大程度上基于孩子们了解到的媒体动态。如果纵容孩子们肆意浏览现代媒体，诚然有令人担忧之处，但我们也容易因此变得偏执，产生对媒体的恐惧心理。社会学家巴里·格拉斯纳在其睿智而实用的著作《恐惧文化：为什么美国人害怕错误的事物》中，接二连三地驳斥了父母们许多夸大其词的担忧，其中包括网络诱拐和恋童癖者对儿童的危害。如果你想合理地了解媒体风险，此书值得一读。

你想在家里为各种媒体（电视节目、电影、音乐、软件、互联网）设立分级原则并限额提供的话，适度、庆祝和圣洁的原则能有所指导。我们首先来谈谈庆祝原则。媒体会给孩子提供包罗万象的文化产品，同时其中也充斥着低级趣味和许多不堪的内容。如果你已经确定哪些是孩子可以观看的节目和扮演的角色，就不要取笑其形式或内容。如果孩子们在看动画节目，此时你却坐在沙发上一本正经地说教，讲一些跟艺术、女权主义或政治相关的内容，以此来缓解自己的矛盾心情，这是不妥当的。这只会让孩子为他们天生的孩子气感到羞耻，减少他们的快乐，并导致他们对你不满。

如果你决定让孩子看电视、电影或者玩电子游戏，此时不妨假装自己是来自火星的好奇观众，问他们："你在看什么节目啊？这是新节目吗？那个女孩是这个人的姐姐吗？"但也不要过于夸张，否则你会变得烦人。关键是通过孩子的眼睛观察他们的爱好，然后说出自己的（正面）看法。留意《神奇宠物救援队》(Wonder Pets)中栩栩如生的角色和精彩的动画镜头，询问《头脑特工队》(Inside Out)中各个角色的特点，观看《玩具总动员》(Toy Story)时和孩子一起放声大笑。如若你不能做到这些，那就在他们看电视节目时悄然走开。

适度原则适用于你允许孩子观看的媒体节目的数量和类型。有些

第 4 章 独立人格：不可过分呵护孩子

电影、电视节目和网站包含令人不安的内容，它们会深深地烙在孩子纯真的心灵上，一旦孩子看过，就会后患无穷。电影或电视都没有标明"防晒系数"，我们没有方法让孩子尽兴地晒2个小时太阳而不用担心被灼伤。与"没关系"派的父母不同，你必须监管孩子使用媒体这件事，限制其使用的内容和时间。

美国教育心理学家简·希利在其著作《连接的失败：计算机如何影响孩子的心智？》中生动地表达了她对大肆宣传少年儿童使用电脑的观点，认为人们高估了电脑对学业的好处，最尖端的软件也不如从书本和亲身体验中获得的知识。就像我在第7章要说到的"糟糕"食物一样，电脑游戏主要是为了娱乐。父母必须限制孩子玩这些游戏，不然他们必然会沉溺其中。有一次，我和三个非常聪明的11岁男孩共进安息日晚餐。在我们围着桌子述说上周让我们感恩的事情时，每个孩子都自豪地宣布自己能够克制多少天不玩角色扮演游戏《愤怒的小鸟》。小男孩的父母也告诉我，他们经常因为儿子玩游戏机的事，彼此冲突不断。

圣洁原则适用于通过媒体体验到的各种难忘时刻：在家里尽情地吃着爆米花，心无旁骛地看《绿野仙踪》；孩子第一次自己制作出幻灯片读书报告；收看报道总统选举的新闻。在这些时刻，你可以说 shehecheyanu——在希伯来语中的意思是"感谢你让我们活到今天"。这是要我们欣赏人们利用神的恩赐所拥有的创造能力。

一位犹太教仪式派大师曾说，我们不应惧怕互联网，它可以让世界紧密联系起来。但如果父母保护不力，孩子们就会因为互联网而受到太多刺激，甚至变得行为鲁莽。可是，如果父母保护过度，不让孩子接触外界和各种形式的进步，那他们就无法学会有益的东西并远离危害，从而无法获得现实生存的能力或当今互联网时代所需的技能。

向社区里的贤者学习

《塔木德》记载了许多学徒的故事，他们躲在伟大拉比的床下，观察他们如何和妻子做爱，或者躲在浴室里研究他们在大小便前后会做出怎样的举动。这些学徒是不可救药的偷窥狂吗？不完全是。犹太教建议我们向我们尊敬的人学习，而这些热切的学徒正在努力向大师学习。同样，溺爱孩子的父母也可以向社区里自己尊重的人学习。选择你觉得教子有方的父母，研究他们的行为并寻求他们的建议。

当我让9岁的孩子独自前往当地的购物大街时，我那谨慎而直率的苏格兰邻居比琳达（她有五个孩子，其中两个已是青少年）主动开口说："我看到苏珊娜独自走去购物大街了。她还太小了。"她说得煞有介事："孩子们9岁时仍需结伴而行。"在比琳达的帮助下，我弄清楚了这个社区的风俗惯例——在我居住的街区，孩子享有的自由程度大致是这样的：

- 7岁的孩子可以结伴走过数个街区，但到达时需要告知父母。
- 8岁的孩子可以结伴出行而不需要告知父母。
- 9岁的孩子可以独自到彼此家中串门，但到当地购物街时仍需两人或三人结伴出行。

第 4 章 独立人格：不可过分呵护孩子

- 11 岁的孩子可以独自去大街。
- 天黑后，孩子们只能从同一街区的朋友家迅速回来而不能再去别处。

你的社区风俗可能与我的有所不同，但不妨花点时间弄清楚那些风俗，在必要时敦促自己给予孩子适当而合理的自由。通常，人身保护意味着你保护孩子免受严重威胁或伤害，但过度的人身保护则意味着你在保护孩子逃避生活的历练。试着了解你所尊重的朋友和邻居对此事的看法，然后找出两者之间的区别来，这将大有裨益。

强大人格的五大关键

当亚伯拉罕要离开他祖先的土地，前往未知的应许之地时，神对他说："*Lech lecha* ——向前走，不要迟疑！"这个短语"*Lech lecha*"的字面意思是"遇见你自己"。除非你的孩子勇敢地进入这个世界，否则他没有其他机会学习如何驾驭世界并获得一席之地。抚养孩子要有明确的目标，例如"我希望这个小家伙学会游泳"，那么当孩子宁愿留在岸上或你自身的恐惧威胁到他的成长时，这将能帮助你应对自如。

适时坚持让孩子独立

摩西、诺亚、路得和拿俄米——几乎《圣经》和神话故事中的每

放下孩子
The Blessing of a Skinned Knee

个英雄在进行伟大的冒险之旅前都会感到害怕。你的小英雄自然也不例外。如果你始终相信恐惧与危险息息相关,那么你的孩子也会相信这点。然而,一位母亲米娜和她的女儿莉莉却给我上了重要的一课:恐惧与危险的联系有时候并不可靠。

几年前,我的女儿苏珊娜邀请她 10 岁大的朋友莉莉共度夜晚。我向莉莉问了"热心的母亲"通常都会问及的问题:"小床舒服吗?你还需要毯子吗?"她的回答令我印象深刻:"哦,谢谢,我很好。我可以在任何地方睡觉。"早上,莉莉比其他人都起得早,她整理好床铺,烤了冷冻华夫饼干当早餐,然后把盘子冲洗干净,放入了洗碗机中。

我很想知道莉莉为何会变得如此独立,后来我在她的母亲米娜那里得到了答案。我们聊到莉莉第一次在夏令营过夜的经历。米娜说:"当然,莉莉很紧张,头天晚上还像平常一样呕吐了好几次,但我早上仍然把她送到了车上。"

像平常一样呕吐了几次?我没听错吧?在我的社区,孩子如果因为害怕去野营而感到身体不适,父母会让他们留在家里,甚至可能让他们接受治疗,评估是否患有分离焦虑症。

对某些孩子而言,害怕野营到这种程度确实是一个危险的信号,预示着这一次的野营经历可能会很辛苦。但米娜还是信心满满地把莉莉送往营地,即使女儿的确很焦虑。米娜愿意冒险是因为她知道,无论是从身体、心理或精神层面上来说,女儿都必须"学会游泳"。

"莉莉喜欢上野营了?"我问道。

"她玩得很开心,迫不及待地想明年夏天还参加呢。"米娜回答。

敢于不纵容或不去过度保护孩子,意味着孩子有时会面临不安、难受甚至危险的境地，但这也意味着你愿意把握机会，竭力扶持孩子自我成长和发展。

让孩子养成自行解决问题的习惯

洛杉矶橡树学校前校长克洛伊·艾兴劳布曾告诉我，父母希望他们的孩子无须容忍班上难以相处的同学。"让他出去！"这些家长们大声疾呼，"他浪费老师太多时间了！"

许多优秀的父母都意识不到身边有这种小孩能让孩子获益良多。只要这些孩子的行为不太极端或危险，就可能促进周围孩子的社交学习。他们是在给其他孩子创造机会，让孩子增强自身解决冲突的能力，学习如何应对干扰，变得强大和包容。

美国研究人员达娜·戴维森和约瑟夫·托宾在研究幼儿社会化过程中的文化差异时，观察了日本东京某所佛教幼儿园4岁孩子所在的班级。他们这样描述学生弘树的行为：

> 在班上播放清晨问候歌期间，弘树开始肆无忌惮地从短裤的裤腿处把阴茎露出来，摆弄着它。在接下来的课堂提问时间，弘树高声回答老师提出的每个问题以及许多老师没有问到的问题。不主动回答问题的时候，他便大声讲述自己的作业进展："现在我在为獾着色，接下来是猪。"他就这样轮番不断地时而唱歌，时而大声而准确地为同学讲解他们最喜欢的卡通主题，同时手舞足蹈，偶尔还夸张地做出演奏乐器的

姿势……

弘树在学校的一天里会挑起许多纷争——踩女孩的手，把闪存卡丢出栏杆外面，迫使游戏中止，等等。

按美国的教育理念，研究人员准备关掉摄像机，放弃学者的中立立场，警告弘树停止他的所作所为。而这时，他的日本老师福井信义却依然保持着冷静，对弘树的捣乱毫无偏见。她不责骂弘树，几乎毫不作为，既不进行干涉，甚至也不重新引导他的行为。在问到她为什么做出这样不同寻常的反应时，这位老师解释说，与其把弘树看作是个麻烦，她更看重他在班上的价值，因为她相信弘树为班上的其他孩子提供了机会来学习许多生活中重要的东西：有干扰的时候怎样保持专心，如何保护自己，以及在没有老师的介入下如何应对冲突和困境。

为了把控制权交到学生的手中，福井信义老师放弃了自己的控制权。你愿意督促你的孩子自己去勇敢地解决问题吗？

让孩子们有机会运用宝贵的自由意志

上帝在创世的第六天说："我们造人吧。"上帝在跟谁说话呢？那时还没有人类！18世纪的卡巴拉[①]主义者摩西·海因姆·卢扎托解释这句话

[①] 又称"希伯来神秘哲学"。在犹太教内部发展起来的神秘主义学说。

第 4 章 独立人格：不可过分呵护孩子

里的"我们"是指上帝的看护天使。上帝让天使在创世的第二天协助他创造世界。但宇宙的统治者为什么会让天使也参与创造人类呢？上帝为什么不只是亲力亲为呢？卢扎托接着解释，上帝决定让天使参与其中，是要确保天使不嫉妒人类。虽然天使是神圣的存在，但因为缺少自由的意志，所以他们不能成圣。人类则有选择能力，上帝更加看重有道德的、成熟稳重的、心思缜密的人做出的正确抉择，这样的人比不假思索地履行上帝指示的天使更有能力改变世界。上帝知道天使会意识到自由意志专属于人类而且无比珍贵，所以才想要让天使远离嫉妒之心。

事实上，自由意志将决定孩子的人生。他们在是非之间如何做出决定和抉择，将直接影响他们人生旅途中的方方面面。让孩子学习运用自由意志并不意味着纵容，而是允许他们做些错误选择，并从中汲取经验教训。如何开始呢？如果孩子没有选择的余地，他们就无法学会做出抉择。因此，首先要给他们犯错的机会。育儿教育家芭芭拉·卡勒罗莎说："让孩子犯些无足轻重的错误吧！如果你 10 岁的女儿因为忘带毛衣而感到寒冷，这比你再三提醒她带上毛衣能够教给她更多东西。"对孩子而言，如果你希望他记得检查午餐袋是否已经放入背包中，最好的办法莫过于让他在午餐时间忍饥挨饿。

让他们尽情体验真实的世界

当看到异常美好的人或事物时，犹太人会这样祷告："你有福了，主，我们的上帝，你的宇宙如此美好。"当看到外表奇异的人或动物时，犹太人也会说："你有福了，主，我们的上帝，你创造的世界多姿多彩。"

放下孩子
The Blessing of a Skinned Knee

某个夏天，我和家人在以色列希伯来语言学校学习。当时，旅馆里同住着一大群以色列人所谓的"特殊人群"（有智力缺陷和肢体残障的成人），他们正在欢度政府资助的海滨假期。此前，我的孩子从未见过这样外貌古怪、行为怪异的人们。有个人的耳朵上隆起了大包，有个人的双腿只有2英寸粗，还有一个名叫莫蒂的年轻人，虽然智力低下但却非常友好。莫蒂会不厌其烦地跟每个遇到的人真诚地说"早上好！"，无论白天还是夜晚，他都会不断和人握手问候。

这些"特殊人群"每晚都盛装打扮，戴着卷曲的彩色假发、穿着贵族服装和金属制作的草裙舞裙、配上金剑和盾牌，然后DJ会为他们主持热闹的现场舞台演出。语言学校的孩子每天都会观看这些特殊人群以及他们的活动。但有些场景并不雅观或令人开心。比如，有的人会拉扯孩子的头发，有的男人会躲在女卫生间里，甚至有两个人试图在拥挤的游泳池中做爱。

在美国，人们通常和"特殊人群"划清界限。尽管我们允许孩子看恐怖片，但我们会让他们远离外貌可怕、行为不当的人们。在以色列，这些人却享有海滨假期、各式服装和夜间娱乐活动。在语言学校，10岁的学生彼得第一次遭遇莫蒂不停地跟他握手时，他不知道该如何挣脱，在原地惊慌失措地僵立了好几分钟。然而到了夏季结束时，在简洁的握手过后，彼得能够从容而自然地告诉莫蒂："我们现在可以走了"。

如果有人事先问我，我肯定会说，我希望保护自己的孩子远离上帝所创造的这群如此与众不同的人。但最后，我很感恩孩子们有机会更多地了解千姿百态的生活，这是她在家里永远也学不到的东西。如果我们保护孩子远离与众不同、不合时宜甚至令人恐惧的人们，那

第 4 章　独立人格：不可过分呵护孩子

么他们长大成人以后将很容易受到惊吓。

教导孩子不要因痛苦而惊慌

医学术语"滴定"用来描述根据个别患者的反应上调或下调药物标准剂量的过程。年幼的孩子会根据父母的面部表情或手势来"滴定"自己的沮丧程度。如果孩子感到痛苦，又看到妈妈惊慌的表情，他就知道自己应该大哭。但如果妈妈深表同情却保持冷静，他往往会很快恢复正常。

请想象这种情景：午后的操场，4 岁的凯特琳、凯特琳的妈妈和凯特琳的朋友泰勒在一起玩耍时，凯特琳的下巴撞到了秋千。她看到妈妈担心地冲了过来，很紧张、很关切地问道："凯特琳，你还好吗？"凯特琳护着自己的下巴开始大哭，同时用手抓住妈妈的裙子，伤心地看着妈妈。

第二种情景：凯特琳的下巴撞到了秋千。她看着妈妈，妈妈摇摇头表示知道了，然后注视着她的眼睛说："我看到你撞到下巴了。"但妈妈却没有过来检查女儿的伤口。凯特琳便能意识到这无须过多关注，于是擦擦下巴坐在秋千上，然后招呼泰勒也过来玩。凯特琳已经通过妈妈的神情知道：撞伤下巴没什么了不起的。

要将孩子日常的烦恼视为生活里必不可少、无须感到惊慌的一部分，这样就能卓有成效地防止他们小题大做。培养优秀的性格特征是终身的功课。我们可以通过保持冷静来帮助孩子变得更加从容豁达。

培养孩子独立

上帝在《圣经·利未记》中警告我们，不要在盲人面前放下绊脚石。太密切地关注孩子也是他们成长的绊脚石。如果他们没有机会犯错，就无法选择正确的事情。如果他们没有机会失败，他们就无法学习。还有，如果不允许他们面对可怕的环境，那么，即便在长大以后面对生活中最简单的事情，他们也会感到害怕。

当园艺家准备把温室植物移植户外时，他们会让植物先遭受风霜雨雪，以便让它们更加茁壮。他们小心翼翼地逐步减少植物所需的养料和水分，让它们遭受比以往更严厉的高温和酷寒，这样植物的根茎才会更强壮。虽然父母无须剥夺孩子赖以生存的必需品，但他们需要让孩子学会适应将来恶劣的环境，教会他们忍受一些压力和极端情况。

每个孩子都独一无二。有些孩子的辨别能力超过了同龄人甚至自己的哥哥姐姐，我们完全可以给予这些孩子更大的自由。敏捷的小孩能够比笨拙的兄弟爬到更高的树上。爱冒险的青少年可能希望早点展翅翱翔，而较为谨慎的姐妹则可能宁愿更久地留在巢穴中。请观察上帝赐予你的这个孩子，并好好运用判断力，但绝不要自以为所有孩子都太柔弱而不能飞翔。

第 5 章

渴望之福：
教会孩子懂得感恩

父母不能也不应试图消除孩子的渴望。
相反，我们必须教导孩子如何引导他们自己的渴望，
并感恩他们已经拥有的幸运。

一位古代圣贤说过："人心苦不知足。"这个人也有可能是父母。两千年前，拉比们就意识到我们必须拥有感恩之心，但这种品质并不是与生俱来的，所以务必要教给孩子。拉比们也知道这并非易事。

下面的事情也可能发生在你身上。我女儿艾玛快7岁时，她的祖父母给了她一张生日支票。艾玛想要胖胖狗玩具屋作为生日礼物，她只想要这件礼物，谈到它的时候总是兴高采烈。但我们当地的玩具店并不出售这种玩具，所以她说服我带她去凯玛特百货公司。那里的玩具货架乱七八糟，地板上都是玩具，箱子里的玩具也被扔了出来，兵人[①]和芭比娃娃混乱地堆放着，然而却没有胖胖狗玩具屋。我们便找人询问。漠不关心的店员耸了耸肩说："如果架子上没有，就是没有了。"

刹那间，我的心头油然生起传教士般的热情。尽管晚餐时间快到了，我还是建议我们忽略晚餐，然后勇敢地穿过交通拥堵的街道，前

---

① 根据真人特别是军人形象制造的玩具模型。

第5章 渴望之福：教会孩子懂得感恩

往另一个玩具城。艾玛当时敬佩而又无比温柔地看着我。当我们抵达后，我内心充满了希望。这里整洁明亮，机敏的销售人员直接指引我们来到胖胖狗玩具区。我马上就看到了玩具屋，并且只想要这一件玩具。我希望它是艾玛心中的圣杯，艾玛也明显不在乎还有多少玩具，因为她已经找到了她心仪的这一个。接下来三天，她和胖胖狗玩具屋形影不离，睡觉的时候把它放在床头，去看牙医也带着它。但是她很快就喜新厌旧了，还将这个粉红色的塑料盒子扔到了地板上。她现在渴望的是得到后街男孩的CD。

孩子内心的"恶的冲动"正常吗？

南希和保罗是我育儿班中的一对夫妻，他们简要地总结了我们对孩子看似无穷无尽的要求的担忧："我们只是希望莫莉不要索取太多。"他们说，7岁的莫莉算得上是个好女孩，但是"她常常要这要那，几乎要逼疯我们了！在生日聚会上，她想要'月亮弹跳'玩具和宠物乐园。她每周都会缠着我们买新的豆豆娃配饰。她也会哀求我们给她买衣服、鞋子和珠宝。这样发展下去，她十几岁的时候会怎样呢？"

南希和保罗不知道该在何处以及如何为女儿设置界限。当他们拒绝莫莉时，她就抱怨他们吝啬和不公。当他们应允时，她就会立即索取更多。

保罗问："某些时候我会观察她，我觉得她就像被宠坏的小公主，而我长期以来都发誓永远不会将孩子养育成这样。我们怎么才能让莫莉不再索取太多她不需要的东西呢？"

"你可能做不到，"我回答说，"但或许你也并不需要这样做。"圣贤们说，渴望并不都是坏事，重要的是我们如何面对这些渴望。

拉比们在《塔木德》时期就仔细研究了因欲望而生的动力。他们认为，每个人与生俱来就同时拥有"善的冲动"和"恶的冲动"。"恶的冲动"虽然具备攻击性和潜在的破坏倾向，但它也拥有独特的价值。《塔木德》指出，"恶的冲动"包含了我们最强健的特质，例如好奇心、雄心和热望，这些特质的全部活力都源自恶的冲动。没有它们，就没有婚姻，没有孩子，没有家庭，没有各行各业。

为了说明这点，我想跟父母们讲讲《塔木德》中的故事。犹太会堂的人们希望彻底除去"恶的冲动"。但是"恶的冲动"却警告他们不要这样做："如果你杀了我，世界就完蛋了！"因为不确定"恶的冲动"是否在讲真话，人们将他抓起来关了三天。结果，他们发现"恶的冲动"也大有价值。在"恶的冲动"被囚禁的日子里，人们甚至无法在大地上找到一枚新下的卵。于是，他们释放了"恶的冲动"，让世界从此恢复了原有的热情和富饶，让我们每个人自己负责去控制和引导内心的"恶的冲动"。

虽然我们应该极度警惕"恶的冲动"，但我们绝不能消灭它，因为人类的生存离不开它。它就是我们的血脉，我们的活力，我们的精气神。圆满的生活需要平衡两种力量：燃烧的激情和自我约束的能力。拉比们坚信，我们应该同时怀着"善的冲动"和"恶的冲动"来敬拜上帝。

如果欲望既不是坏事也无法"治愈"，那我们应该如何遏制贪念呢？"行胜于言"的犹太哲学提供了解决方案：做正确的事比怀着正确

第 5 章　渴望之福：教会孩子懂得感恩

的想法更重要。因此，尽管我们完全可以渴求不必要的东西，但我们必须严于律己，并引导自己的行为不受欲望的影响。《塔木德》的教义和现代儿童心理学在这个问题上具有相同的原则。行为疗法认为，行为的变化可以导致感受的变化。《塔木德》教导我们，如果父母限制孩子的抱怨和哀求，并要求他们多做好事，孩子们最终会变得不再贪婪，而是更加感恩，因为感受会随着行为发生变化。

对于艾玛和她的胖胖狗玩具屋，以及莫莉和她的豆豆娃，父母要如何把《塔木德》的教导运用在她们的案例中呢？要想更好地消除孩子对于物质的贪欲，南希、保罗以及我其实可以这样告诫自己："看看这个生气勃勃、热情洋溢、个性很强的小人儿！她拥有强烈的欲望，讲起道理来也头头是道。作为她的父母，我承担着双重责任：既要尊重她的热情，她的'恶的冲动'，也要帮助她培养强大的'善的冲动'。因此，我会平静而坚决地对她又想要豆豆娃、又想要'月亮弹跳'玩具的行为说'不'，但我不会批评她对它们的渴望，因为这是她的权利。"

父母不能也不应试图消除孩子的渴望。相反，我们必须教导孩子如何引导他们自己的渴望，并感恩他们已经拥有的幸运。

重在指导，而非共识

我在前面谈到了彼得和林恩，这对信奉"民主式家庭教育"的父母认为，脾气暴躁的女儿萨莎在家庭生活中应该享有平等的权利。当孩子哭喊着说"这不公平",父母的良心可能会遭受打击,这至少促使他们在某些瞬间深刻反省:"她是对的吗?是我太刻板吗?我有充分的理由拒绝给予她豆豆娃吗?"

犹太教早已阐述了其中的一些问题。你之所以要拒绝孩子的种种要求,是出于更长远的考虑:你是在教育孩子克己,让他练习如何引导"恶的冲动",并强化他感恩的能力。你需要做出的最大改变是避开孩子使用的逻辑:"告诉我为什么不能拥有豆豆娃!你上周给我买了,为什么这周不行?"然后,运用更合理的逻辑,亦即平衡"恶的冲动"和"善的冲动"。当孩子提出各种要求时,随着你调整回应方式,这种转变会逐渐发生。我们不妨来回顾我们尝试民主地面对孩子的要求时最常犯下的错误。如果意识到"恶的冲动"的力量,我们就会明白为什么这些民主方法无济于事。

反问

尽管南希和保罗没有尝试这种过时的说辞——"想想那些忍饥挨饿的小孩,如果他们拥有你拥有的所有东西,他们将会无比感恩",但他们采用了同样给人希望却无效的现代策略:"莫莉,你不觉得自己已经有很多豆豆娃了吗?"莫莉的惯常反应就是翻白眼,或直截了当地反驳:"不,妈妈,我还没集齐一整套娃娃,现在的15个还不够。"当南希尝试稍稍换个角度,告诉莫莉"你想要的这个芭比梦幻屋以及各种配套物品价值60美元。你知道这是多少钱吗?"那她简直给了莫莉直接顶嘴的机会:"知道,就是买芭比梦幻屋和所有配套物品的钱。"

第5章　渴望之福：教会孩子懂得感恩

南希和保罗采用这样的反问方式，是希望莫莉能产生心理学家所说的"顿悟"体验："啊，妈妈，你是对的。我没有意识到我已经有很多豆豆娃了。我想起来了，有些孩子可能根本没有那么多，因为他们的父母和你们不同，他们需要花钱支付房租和食品。我真的应该感恩。我在想什么呢？"

但"顿悟"体验并没有产生，因为"恶的冲动"过于强烈了。莫莉并没有深入思考，她只想要更多的豆豆娃。

解释逻辑和因果

塞缪尔·巴特勒[①]说："逻辑就像一把剑，用剑者最终将死于剑下。"当今的家长往往非常推崇唇枪舌剑和逻辑论证，所以大部分父母宁愿对孩子晓之以理也不愿责罚他们。他们耐心地跟孩子解释因果关系，试图说服孩子放弃过多的欲望。父亲可能会非常认真地说："我们来好好想想，如果有五个男孩在我们家过夜，你很可能会整晚不睡，第二天参观太空馆时就会疲惫不堪。"通常儿子会这样回答："不，我们不会。我们晚上玩得很开心，第二天会玩得更开心。"

跟孩子解释因果关系极少奏效，因为他们的热情和无所不能的自信大大超过了他们的逻辑思维能力。出于理性的考虑，你不会花120美元去买三个月以后就穿不下的鞋子，但孩子们没有这个概念。结果，

---

① 英国作家，著有《众生之路》等作品。

父母们无法靠严格的逻辑取胜，因为即使在 7 岁孩子的身上，"恶的冲动"也比任何道理都更加强大。

虚伪的说教

虚伪的说教多半会浪费每个人的时间。它们不会改变孩子的看法，而会让孩子内心产生抵触情绪从而疏远你。以下是父母与孩子一种典型的交流方式，杰西的许多话根本没有说出口。

父亲：杰西，不许再看《南方公园》(*South Park*)[①]，这个节目又蠢又糟。

杰西：这是你的想法。我的朋友们都喜欢看，就连那些聪明又优秀的孩子都在看。

父亲：你听不懂里面的笑话，这个动画片真的很糟糕，你不会真心喜欢它的。

杰西：你错了，完全错了。

父亲：这种节目会让你变傻，我希望你做个聪明孩子。我们租《国家地理》的录像带来看吧。

杰西：不，谢谢。那种节目无聊透顶。

[①] 美国喜剧中心创作的成人动画情景喜剧。

第5章 渴望之福：教会孩子懂得感恩

我们深明大义的父母就是这样白费唇舌，想要说服孩子走正路。但这种说教无论在心理学上多么独到或深奥，它都丝毫不能摧毁孩子的欲望之墙。别再费心说服"恶的冲动"了，它不会替"父母"说话的。

因此，家长们几乎每天都要身陷战场，费力招架孩子的贪婪、抱怨和忘恩负义。过多地关注他们，采用反问、解释逻辑和因果关系以及虚伪的说教，只会诱使他们更坚决地要这要那。我们要汲取拉比们的智慧——行恶的倾向也有可能是好事，最重要的是行为，学会感恩并非易事——用其他方法引导孩子迈向节制和感恩之路。

对待孩子要循循善诱

在开始教导孩子学会感恩之前，你必须非常明确他们的权利有哪些。儿童经常分不清欲望和需求。对孩子而言，如果在电视广告、超市货架或者朋友的玩具箱里看到诱人的东西，他们心中"恶的冲动"很容易被点燃。你的孩子可能会哭喊着说："我必须在星期四之前穿上老海军牌工装裤，否则我就不上学！"一旦觉察到孩子可能面临来自同龄人的压力，不愿看到他被孤立，你可能就会忍不住将工装裤从显而易见的"欲望"清单重新划入"需求"清单。

让我们来看看孩子完全有权拥有哪几样东西：礼貌相待、健康食品、遮风挡雨的住所、实用而舒适的衣物、儿科医生和牙医的年度检查以及良好的教育。除此之外的东西都属于特别优待。大人应该记住，名牌服装、苹果手机以及最新款的游戏并不是人类生存的必需品，而你的孩子不需要理解或认同这一观点。

你可能需要花点时间才能接受这个前提，因为这与我们过去的习惯太不相同。在最初，你可以练习说"不"，你的目标是尊重孩子的欲望，而不屈从于他的要求。记住，仅仅是他想要最新款的耐克鞋或要求在卧室里摆放平板电视，并不意味着他就是坏人，他很贪心或者已经没救了。

拒绝的基本方法如下：

1. 用充满同情的语气形容孩子的困境："特里，我知道你真的很想我给你买双耐克鞋。"

2. 简明扼要地说出你拒绝的原因："上个月我们已经给你买了双运动鞋，你不需要再买一双。"

3. 不要过分地夸大情绪，也不要试图表达过度的谅解。别说"亲爱的，我知道你很沮丧，我知道你很难接受，我知道你非常喜欢耐克鞋"这样的话。这种居高临下的态度只会激怒孩子，或者让它成为你的软肋。要温和而坚定地拒绝，并简短地解释原因，这就够了。

在你拒绝孩子的请求时，他自然会怀着愤恨和怒气向你顶嘴。他会说你无情、愚蠢和刻薄，甚至会说他不该出生在这个家庭。你要做的是尽量不回应这些抗议。这是孩子"恶的冲动"在作祟。此时你要云淡风轻地对待他的抱怨，同时尊重他的欲望。他有权相信你是错

第5章 渴望之福：教会孩子懂得感恩

误甚至是邪恶的，他也有权暴跳如雷，但他没有权利口不择言，大放厥词。

犹太教"行胜于言"的原则有助于提醒我们，信条（信仰）是孩子自己的事，但他的某些行为是不可接受的，例如谩骂父母。如果孩子的抱怨超出你的容忍限度，你就应该采取措施。无端地批评成人意味着不良习惯的开端，这会导致孩子在以后的人生道路上与其他成年人发生矛盾。兰迪并没有把6岁的儿子卢克说她很刻薄这件事放在心上，但是当她拒绝给卢克买泡泡糖后，她设立了界限。那时卢克说："你真烂。"他并不知道这个词是什么意思，但兰迪想教会他无论如何都不能说这个词。于是兰迪流露出严厉的面部表情，斥责他并取消了他下午玩踏板车的特权，这种做法奏效了。

"恶的冲动"所采用的惯用伎俩是消除所有妨碍它的绊脚石。父母常常钦佩孩子的表达能力，情不自禁地想要看看"小律师"可以辩驳得多么精彩；然后，在钦佩完孩子的才智以后，他们再做出合理的回应。这种做法大错特错。即便你的孩子口齿伶俐、慷慨激昂，能辩论得头头是道，你也无须单单因此而以同样的方式反驳他们。你如果这样做，孩子也绝不会真正倾听你的意见，因为他们会忙着准备如何反驳你。这种拉锯战能够僵持很长时间，最终让父母和孩子都感到烦躁。如果你真的这样做甚至乐此不疲，那么你就是在教授孩子一种绝佳的策略：他可以通过对簿公堂般的唇枪舌剑来消耗你，从而如愿以偿。

我们是否应该始终聆听孩子的观点呢？是的，因为倾听是有礼貌的行为，而他提供的信息可能会改变你的想法，同时，你也为他树立了学会倾听的榜样。但要简洁！如果你忍不住想对孩子晓之以理，请克制自己。记住，具备健全的感恩能力终究比拥有乔丹球鞋更有益于他的成长。冷静地忽略他的论证，那么你和他最终都能有所收获。

如果孩子继续乞求、抱怨和要求，请采取果断的态度。你可以尝试以"但是"作为开场白。尽管你没有谴责他的意图，但有时你仍需要说："我知道你想要运动鞋，但是这件事到此为止。我们不要再讨论这个问题。"如果他仍不能安静下来，那就让他确切地知道喋喋不休的代价："如果你再要提起乔丹球鞋，我将取消你看电视的特权。"

培养感恩的态度

《摩西五经》的教义中经常谈到，我们往往会将自己拥有的东西视为理所当然，我们的欲望超过了实际需求，也会忘记对自己所拥有的事物表示感激。在《圣经·申命记》中，上帝提醒我们，如果我们"非常富足"却感到匮乏，没有怀着幸福和喜乐之心侍奉上帝，那么，上帝就会惩罚我们。每年的犹太新年都会强调这个话题，我们需要说"让我们不要贪恋我们未曾拥有的东西，也不要忽视我们已有的福祉，不要被这种贪欲吞噬。"毫无疑问，贪婪被列入了十诫之中。

拉比尊重我们的激情，但要求我们避免过度放纵。我们该如何面对与生俱来的欲望呢？我们应该通过感恩祈祷，将它转化为善的冲动。犹太传统鼓励成年人每天说出100个感恩祈祷。要说出这么多的感恩，你必须保持警觉，寻找所有值得感恩的事情。谨守教规的犹太人不会浪费任何时间。醒来以后，他们立即就开始做晨祷："感谢上帝，让我

第 5 章　渴望之福：教会孩子懂得感恩

的灵魂从梦中醒来。"上完洗手间后，因为不可思议地发现"体内应该打开的管道和通道都已开启，应该关闭的也都已关闭"，所以就要第二次感恩。吃早餐之前也要祷告，感谢上帝赐予食物。他们整天都不会错过任何表达感谢的机会。甚至是发生不幸的事情，他们也会感恩："感谢上帝，真正的审判者，考验我的心灵。"显而易见，所有这些祈祷的目的都是让我们更清醒地意识到自身的幸运。

拉比们知道，我们很容易忘记计算自身所获得的恩典而去垂涎别的东西：金钱乃至邻居的配偶。因此，他们将感恩之情视为需要不断保持警觉的性格特征。对于正统派犹太教徒来说，这种更高的觉悟应该融入日常生活中，但我们也可以培养自己和孩子的感恩之心。这需要做到两点：感激我们现有的东西，并引导我们的欲望。

为了有效地教会孩子感恩，父母必须以身作则。如果你因为逛商场而感到开心，或通过穿戴最新款名牌 T 恤来保持身份，孩子就会嗅到这样的信息：可以用物质来奖励自己，体现自身价值，或让自己感到开心。即便我们能够设法阻止孩子索取过多东西，但除非父母以身作则，否则他们也仍然学不会如何感恩。没有人天生就懂得感恩，这是一种后天培养的技能。正是出于这个原因，传统的犹太法律禁止在安息日花钱。上帝禁止我们在那天购物，而要我们在那天细数所获得的福气，因为他知道如果放任我们，我们是不会这样做的。

大多数非正统派犹太教徒都违背了星期六不准花钱的规定。但是，如果你想促使自己和孩子都心怀感恩并淡化欲望的话，以下行为可能有所帮助：

- 尽量不要让逛商场成为最频繁的家庭外出活动。可以考虑一下拜访朋友，前往公园、博物馆或图书馆，或者在小区附近散步。
- 不要经常谈论你多么希望拥有电视广告中推销的物品。
- 当你实际上怀着欲望的时候，不要将它称为"需求"。
- 请注意不要在孩子面前表明你羡慕别人拥有的东西。
- 不要在家中积攒邮购目录，也尽量不要让孩子看到你花费大量时间阅读购物目录或者在线购物。
- 教导孩子采用金钱之外的方法来延迟满足。例如，你可以对孩子说："我非常期盼下个月的亚利桑那州之旅，我们去图书馆读一些有关大峡谷的图书吧。"而不是为这个即将到来的假期没完没了地购物。

学会觉察已有的福气

为了将注意力转向我们已有的福气，我们可以学习孩子的优点，尽管我们总是声称他们过度沉迷于物质。虽然他们似乎经常会全盘接受电视广告和商场购物文化，但他们也非常擅于欣赏细小事物。圣贤们曾说，要在细节中寻找上帝。儿童善于发掘了不起的细节。就像"恶的冲动"会诱使他们缠着你索取玩具和衣服，但它同时也无限美好，会为我们带来自然活力并教导我们学会欣赏生活。

"看看这个，爸爸！当风朝着一个方向吹时，所有的草都倒向了

第 5 章 渴望之福：教会孩子懂得感恩

一边；而当风向改变时，草也会倒向另一边！我没有开玩笑。快过来看啊！"

"我们能整天待在动物园，明天也来吗？"

"我今天想见伊莲娜，我很想她。我觉得我最好的朋友发烧了。"

"我可以在冰激凌上点缀彩虹糖和巧克力吗？这是我人生中最开心的时刻！"

你可能需要放慢脚步，才能欣赏到让孩子着迷、震惊、陶醉和开心的东西。不妨出门看看红色的蠕虫；拿着女儿所在班级的照片坐下来，让她说出每个孩子的名字；在儿子参观你的办公室时，抽空让他把手放在复印机上，为他扫描关于手的照片；当他描述全班同学前往超市时看到了房间那么大的冰箱时，用心聆听并向他提问。

苏珊娜和我在社区街道上骑自行车时，碰到了动物尸体。她想骑车回去再看看，我同意了。我们端详着这只松鼠和它的内脏，过了片刻，苏珊娜感恩地说："很多妈妈都不会这样做的。"如果你知道如何引导孩子，无须花钱，他们就能玩得非常开心。你可以教孩子如何将蛋清和白糖打发成蓬松的蛋白霜，如何使用老式的手持钻。在他们参加校园活动的头天晚上，给他们盖上被子，主动用按摩油为他们做背部按摩。他们的感激之情和无穷的热情会感染你，但你必须放慢节奏，重视这些时刻，否则你俩都将错过美好时光。

你也可以进行正式的祈祷仪式并培养成一种习惯，教导孩子铭记他们已经拥有的东西。我们大多时候都忘了感恩上帝现有的赐予，却希望把我们想要的东西列成"愿望清单"发送给他。在我们家每周的安息日晚宴上，全家人会绕着餐桌述说自己的"感恩"。这个仪式大有益处，能让我们知道彼此在这周的经历，让孩子们知道父母看重什么。我可能会跟艾玛说："我很感激你整周都无须任何提醒就能自己穿戴整齐、准备好早餐。"然后，我继续跟其他家人说："我很感激索尔叔叔的情况有所好转。非常感谢乔茜在这里与我们共进晚餐。感谢这周我完成了本书的另一章。"

吃饭前停下手头工作来表达感恩是相当普遍的宗教习俗，也是自然而然的事情。每次吃饭的时候，我们都可以选择是先满足口腹之欲还是先感恩上帝。就此而言，拉比确实做得很好。他们面对不同的场合和食物会说不同的祷词。所有的祈祷都可以帮助我们怀着感恩之心度过当天的生活。当你无意中听到年幼的孩子在她的洋娃娃聚会上祷告"约瑟芬娜，记得感谢上帝赐予的纸杯蛋糕和茶"时，你就会明白，你的行为已经潜移默化地影响了她。

奉献也是表达感恩的方式

你也可以通过奉献来表达感恩。在犹太教中，每个人都应该认为自己拥有的东西超过其所需。即使是最贫穷的人也应该找出更需要帮助的人，并与他分享自己所拥有的东西。"修缮世界"（ *tikkun olam* ）一词传达了这样的理念：如果我们所拥有的福气很多，那是因为上帝要我们懂得用它来帮助别人。

犹太教教导我们利用已得的生命恩赐让世界变得更美好。如果取消玩耍计划会让孩子感到失望，那你可以带他到玩具店让他开心起来，

第5章 渴望之福：教会孩子懂得感恩

也可以提供机会让他去做好事。与其给孩子买玩具，不如提议："约拿的妈妈打电话来，说约拿不能和你玩耍，因为他今天生病了。让我们想想，可以制作什么样式的慰问卡来帮助他更快康复吧。"

请注意，这不是回答是或否的问题，而是用"让我们"这个奇妙的育儿字眼作为开场白。这也会让孩子感恩自己的身体健康，并意识到有责任去帮助暂时没有这么幸运的朋友。拉比知道人们都想要避开病人，所以才要求（而不仅仅是鼓励）我们去探视病人。你可以利用诸如此类的机会，帮助孩子把失望转变成慷慨的善举。

"十二步项目"[①]教导参与者"在行动中养成正确的思维"。即使不是出于自愿去行善，孩子们仍然喜欢在行善以后获得赞赏。要让孩子们认识到他们能够通过不同方式获得他人的关爱和感谢，这样他们就会养成奉献的习惯。他们长大成人后，这些经历能让他们明白参与社区活动和志愿服务的精神价值。

单单凭言语很难教孩子意识到"施比受更加有福"。要让他们懂得这点，关键在于让他们在帮助他人时发挥自己的领导能力和判断力。例如，你可能会对孩子说："这个城市的很多孩子在冬天没有足够保暖的衣服，而你有很多已经不合身的衣服，让我们将衣服折叠起来打包好，然后由你选择应该把它们捐去哪里。有三个不同的收容所给我写过信请求捐赠，现在我把信件给你看（或给小孩子们说'我给你读信'），你来决定哪个收容所可能最需要这些物品。"在感恩节期间（或

[①] 一套规定指导原则的行为课程，旨在消除（治疗）上瘾、强迫症和其他行为习惯问题。

任何时候），你可以说："让我们去'食物银行'[①]给袋子装满食品吧，我知道你很擅长为同龄人的家庭挑选东西。"

越来越多的犹太会堂倡议行善日。我们家也接受会堂的感召，自愿为当地社区中心的300名俄罗斯老年移民提供逾越节晚餐。艾玛问了逾越节家宴上常规的四个问题[②]，苏珊娜、迈克尔和我则负责端菜盛饭，我们还帮助清理餐具。托盘很重，汤也溢出来了，等到厨房里的鸡都吃光的时候，可想而知，未就餐的客人会对服务员（我们）发火。这是艰苦而累人的工作，但我们却过得很充实，并感谢自己有机会为他人服务。如果孩子所在的学校或犹太会堂不提供社区服务计划，请查看报纸寻找"参与机会"，或者上网查看相关网站，比如"儿童护理俱乐部"（kidscares.org）和"家庭护理"（familycares.org），它们都会提供点子，指导我们如何让孩子通过参与社区服务项目来培养同情心。

渴望同样是一种福气

如果马上满足孩子的大部分愿望，他们就没有机会感恩自己已拥有的东西。如果他们没有机会等待、幻想和渴望，他们也永远不会珍惜自己拥有的东西或经历。每件事都具有同样的价值，没有例外。孩

[①] 一种盛行于西方的慈善组织，人们会专门将食物收集起来，用于救济穷人。
[②] 犹太教共进逾越节家宴时有个仪式是让孩子问"为什么这个晚上不同于其他晚上"等四个问题。

第5章 渴望之福：教会孩子懂得感恩

子越早得到自己想要的东西，她就越早会厌倦，然后接着索取新东西。只要想到胖胖狗玩具屋，我就能提醒自己留意这个事实。立即实现愿望并不能让孩子更加感恩或满足，反倒会让他不知感恩，更加贪得无厌。这就是我们祖母所说的"宠坏了"的孩子，因为过度宠爱，他们丧失了等待、满足和感恩的能力。

某年夏天，我们要去山上的度假胜地休假，便麻烦17岁的丽莎临时照料我们的女儿。丽莎让我体会到，成年人可以如何教会孩子感恩并帮助他们了解工作的价值。我在酒店前台见到了她，得知她为了存钱买车，白天工作，晚上替人照料孩子。她告诉我，她需在秋季就读假释官培训学校之前买到车。丽莎打算先入读设有基础课程的学校，一年后再转到另一所学校，因为后者虽然学费更高、离家更远，但开设了她想学的专业。最近，丽莎的祖母主动提出将丽莎夏天赚到的钱按比例转给她，这意味着丽莎能够提前购买汽车并入学。对此，她充满了深深的感激之情。这个年轻女性在全力以赴地实现自己的人生目标，这打动了我，我忍不住将她和我的年轻朋友马修以及斯宾塞拿来做对比。

马修刚刚学会骑自行车，他的父母就给他买了一辆配有电子喇叭的顶级儿童自行车。当他把自行车停放在朋友家门前，结果自行车被盗时，他的父母立即给他又买了辆新的。马修的兄弟斯宾塞同样得到了父母的鼓励。这个男孩表示自己对集邮感兴趣，于是在他8岁生日前夕，父母送给他一本皮革集邮簿，里面装满来自世界各地的精美邮票。尽管他们对孩子慷慨又充满爱心，向孩子赠送了珍贵的礼物，但马修和斯宾塞对父母的感恩之情远远不如我家保姆对其祖母的感激之情。

放下孩子
The Blessing of a Skinned Knee

犹太教有"拯救或爱护地球"（*shmirat ha-adamah*）的观念。在培养儿童的性格时，我们始终希望"思考时要具备全局眼光，行动时要结合实际情况"。在东西摔碎以后，不要给孩子换新的或扔掉，而应该帮助孩子将它们修补好，这样才能有力地保证他们在成年以后尽力爱护自己的社区和地球。如果孩子索取的东西唾手可得，不仅会将他们宠坏，还可能让他们成长为"破坏分子"，因为他们并没有学会珍惜自己所拥有的东西。

光明节的时候，我们会庆祝橄榄油连续点了八天的神迹。也许真正的神迹是，我们已经拥有足够的橄榄油，然而在战争和灾难的压力下，我们因为恐慌而忘记了已有的资源。而现代版的神迹则让我们认识到：我们现有的东西可能已能够满足我们全部的需求，甚至足够我们与他人分享。不过，我们需要具备决心和自律，才能教导孩子学习这些功课。而当我们这样做时，我们得到的回报是，孩子将不再计算自己想要或缺乏的东西，而是细数已有的福气。

The Blessing of a Skinned Knee

第 6 章

工作之福：明白家务活的神圣价值

除了疼爱和关怀以外，子女值得我们付出更多东西。

他们需要学习如何照料自己并最终回馈社会。

就此而言，家务活并非课外活动，而是基础课程。

在帕梅拉·林登·特拉弗斯所写的奇幻故事《柯里太太》中，玛丽·波平斯和她的朋友柯里太太得到了成堆在普通姜饼上面剥落的星形金黄色饰纸。她们带着成桶的胶水和画笔，爬上高高的梯子。到达顶部以后，她们便将星星逐个粘贴在天空中。每颗被安放妥当的星星都在闪闪发光，闪耀着金色的光芒。8岁的珍妮透过卧室的窗户看到了这番景象，便对弟弟说："我想知道，是星星变成了金黄色的贴纸，还是金黄色的贴纸变成了星星？"这很好地描述了犹太教生活的本质。像纸张这样不起眼的物品，或者提着水桶爬梯子这样简单的事情，都具有改天换地的神奇魔力。关键是要利用每天的神圣契机，让这些光芒大放异彩。

实践出真知

根据犹太教的教义，成圣之道存在于人类的日常活动之中，存在于现代哲学家亚伯拉罕·赫舍尔所说的"正确行动"之中。犹太教认为

第6章 工作之福：明白家务活的神圣价值

行胜于言，实践出真知。圣贤们认为，应该在实践中学习人生这门功课，我们必须将知识运用于实践之中。事实上，单纯的智力学习是不可靠的。公元1世纪的祭司埃利泽·本·亚撒利雅说过："对于妙语连珠却缺乏善行的人，我们可以将他们比喻做什么呢？他们就像枝叶繁茂但根系稀疏的树木，大风吹来，就会被连根拔起，倒在地上。"

古时候的拉比都有全职工作，会担任樵夫、木匠或铁匠等角色。公元4世纪的拉比拉夫·胡纳是个富有的商人，《塔木德》中经常会引述他说的话。他在自己的田园里劳作，亲自采摘果实。他教导说："只研究《摩西五经》的人，无异于不信奉神的人。"也就是说，不能仅仅通过祈祷、重大责任和路人皆知的善行来认识上帝并与他交流，也要借助于日常生活的种种琐事，例如清理餐桌、早上刷牙、清洗碗碟、倒垃圾等。没有任何事情是过于卑微或低贱的，只要用心，它们都有可能与神性联系起来。

在《犹太精神实践》当中，作者伊兹哈克·巴克斯鲍姆讲到，18世纪哈西德派的杰出拉比（被誉为"美名大师"）曾跟随伊兹哈克拉比共同游历，并担任其个人助理。美名大师给伊兹哈克拉比端来了咖啡壶，并给他倒了咖啡。伊兹哈克拉比喝完咖啡以后，美名大师就收拾好桌上的咖啡壶、杯子和勺子，并拿到厨房清洗。伊兹哈克拉比年幼的儿子观察到了这件事情，问美名大师："尊贵的拉比呀，我能够理解你为何想要服侍我尊贵的父亲，但你为何费心亲自去收拾空盘子呢？"美名大师向他解释说，在圣殿中将勺子收拾好，属于赎罪日大祭司的侍奉职责所在。从此之后，收拾餐桌就成了侍奉神的虔诚之举。

放下孩子
The Blessing of a Skinned Knee

在小事上尽心尽力

犹太神学的核心在于在生活的日常琐事中尽心尽力,并重视团队合作的无限重要性。孩子们可以通过主日学校①或在家阅读《圣经》故事来了解这些原则,但仅仅在知识层面上了解它们是不够的,正如对成人来说仅仅研读《摩西五经》也是不够的。为了采取"正确行动",孩子同时需要技能(行善的能力)和动机(承担责任的意愿)。照顾自己和帮助家人等家务活便是他们最初的善行。

做家务活不仅能够培养孩子对他人的责任感,还能锻炼他们的生活技能。如果从小就教导孩子养成负责的习惯,他们长大以后就有信心应对更复杂的挑战。帮忙做家务活也能培养孩子的自尊心:父母坚持让孩子做家务活是在告诉孩子,他们不仅受到爱护,也被人需要。普通的家务活是培养子女人格和心灵健康的基础。

面对"神在哪里"的问题,圣贤们会回答:"任何你寻找他的地方。"正如我在第 1 章中所说,在犹太教传统中,"家庭"这个字眼即表示敬拜之屋或"小圣地"。如果神存在于我们的家庭、学校和公司中,那么当我们协力营造安宁有序的社区时,我们就为神营造了温馨宜人的空间,以便他降临到我们中间。我们要教育孩子将家务活视为敬重父母并迎接上帝莅临的方式,而不要将其当作苦差,这样他们必

---

① 英、美诸国在星期日为在工厂做工的青少年进行宗教教育和识字教育的免费学校。

第6章 工作之福：明白家务活的神圣价值

须完成的任务就被赋予了更高的价值。

确信做家务对孩子的成长有益

拉比们何其可爱、高贵而富有创意，能从日常琐事中发掘出无穷的潜力，领悟它们和神性之间的联系。但是，你家的情况是怎样的呢？孩子们是否想帮忙做家务活？你是否知道该为此付出努力？长期以来，孩子们都不肯干家务活，然而，不知为何，在这场古老的对抗中，现在的孩子似乎比他们的父母拥有更多的优势。

我还记得，在小女儿艾玛3岁时，我和我的丈夫经常围绕刷牙的问题与她闹得鸡犬不宁。在这场战斗中，一个光着身子的小调皮鬼从这个房间跑到那个房间，一个（有时是两个）家长在她身后追着她，挥舞着牙刷恳求她刷牙。回首这个场景依然历历在目：颜面尽失的成人，兴高采烈的孩子，没有刷过的牙齿以及肆意生长的细菌。我得承认，最开始艾玛的独立让我有些得意，但是当同样的场景每天重复发生，我就变得疲惫而恼火了。我们试着给她画红星表扬她，但这毫无用处。于是我向朋友求助，他是儿童发展专家。"你必须想出某种方法来吸引她的想象力，从而强化她的正面行为，"他安慰我说，"你还不够尽力。"艾玛需要什么呢？利用横笛和鼓手将她带入洗手间？疾言厉色？每次刷牙给予1美元的奖励？这对我来说都毫无效果。

我们最终找到了对策，我将在本章稍后的部分介绍。这场闹剧和朋友的建议帮助我认识到，为什么我和我熟悉的大多数父母都会在类似的冲突中败北。父母需要投入精力并具备可靠的执行能力，才能让孩子学会自我照顾并承担家务活。大多数家长都想通过表扬来鼓励孩子的积极性（比如，我们会说"杰克！你是非常好的小帮手！"），以此来强化良好行为。当孩子在房间里乱扔袜子并拒绝将其放入洗衣篮时，或者当他被允许将桌子上易碎的盘子拿到厨房去而感觉自己像个懂事的大男孩时，上述方法都非常有效。但是随着新奇感逐渐丧失，年幼的孩子会对此失去兴趣。

在需要长期为孩子的不配合承担不愉快的后果时，我们很多人都会陷入困境。在当今大多数家庭中，打屁股已被"关禁闭"所取代，不幸的是，这需要时间，而时间又恰恰是我们所稀缺的东西。因此，我们始终在努力采纳朋友推荐的正面做法：发挥创意、让家务活变得有趣、确保孩子们开心。然后我们却付出了代价。我们发现，如果不断地哄孩子做家务活，我们就会给他们留下错误的印象，即除了立刻感到开心和被收买以外，家务活毫无价值。父母本是为了哄孩子开心，结果却感到疲惫、无聊或不满，因此他们最终就放弃了。

如果每个小小的举动都是为了尊崇上帝而做出的更大努力，那么刷牙就具有了截然不同的含义。照顾自己不仅是个人的责任，也是整个宇宙的共同责任。它比家务活本身重要得多。你可能不需要针对3岁的孩子就此进行冗长的说教，但是在你再次放弃并替他承担责任之前，你可能需要给自己打打气。

在我们祖父母的时代，做家务活不需要太多的创造力或理由。但是，当代家长们却因没有把握而烦恼。家务活有多重要？放学后照顾弟弟妹妹，与上大提琴课同等重要吗？哪个年龄段适合做哪些家务活？最重要的是，我们如何找到时间去做呢？

问题的核心在于我们对孩子做家务活的价值抱着模棱两可的态度。如果我们并不确信家务活对孩子的成长必不可少，那为什么还要费心给他们安排家务活呢？我们要求孩子做的家务活越少，家里所有人就越有更多的空闲时间和安宁。确实，我听到过各种可能的观点，探讨孩子根本无法承担家务责任的原因。为了打赢家务活这场战争，你需要考虑这些观点，并意识到背后隐藏的内心挣扎。直到你相信家务活的重要性，你才会有决心或耐心给孩子们分派任务，并确保他们听从你的盼咐。

不想让孩子干家务活的原因

在许多家庭里，父母对子女的家务责任怀着两种不同的态度：一种是真正的家务要求（孩子们直观地认识到，他们必须记住并遵从这些要求），另一种则称之为"家务姿态"（家长的指示仅仅在表面上显得很较真）。家务姿态往往以郑重其事的"从现在起"为开场白，并在结束时加上"明白了吗"之类的话语。孩子们往往会严肃地点头表示认可，父母们也总是上当，天真地希望以后不需要唠叨或提醒，孩子们就会整理好自己的床铺和房间并认认真真地刷牙。

但孩子们为何没有完成这些工作呢？部分原因在于，你我的孩子都非常擅于窥探家长模棱两可的心态。他们知道我们何时在较真并打算坚持到底，何时只是在唠叨而已。然而，我们为何会模棱两可呢？

难道我们不希望他们勇于负责并充当我们的帮手,而无须时时提醒他们吗?可能未必如此。

我们对家务活的矛盾心态有着多种深刻的根源。这种复杂的情绪部分来自纯粹的时间压力。曾经我在一所学校演讲时,该校的家长略嫌夸张地告诉我,孩子们每晚都要应付堆积如山的功课,放学回家后得马上开始做作业。妈妈们会将孩子的晚餐盛在餐盘上,方便他们边做作业边吃饭。孩子们会一直学习到深夜。入睡前,妈妈们会让孩子泡澡,为他们穿上睡衣,催他们赶紧睡觉,休息好了准备第二天继续上学。家长们早上得叫醒睡眼惺忪的孩子,并帮他们穿好衣服。这些小学究们根本就没有时间干家务活!但即使没有繁重的家庭作业,大部分家长还是会觉得,如果我们自己来干家务活而不是让孩子们按照他们的方式处理家务,速度会更快,也能够减少混乱和麻烦。

此外,还有些心理原因导致我们在家务问题上无法贯彻到底。我们可能担心,总是在外工作或忙于种种活动,导致我们对孩子照顾得太少。为了表明我们的关爱和责任,我们会亲自代劳,跟在他们身后收拾东西,或者在他们不肯干家务活时姑息了事。有些家长甚至因为各种原因而同情自己的孩子:孩子们的生活环境过于拥挤、压力重重,受到了污染;父母离婚了;父母没离婚,但家中的紧张氛围让孩子痛苦不堪;妹妹杰丝敏的身高在100名同学中排在倒数第30名,而可怜的帕克则排在倒数第10名。

令人意想不到的是,有效的育儿方式可能导致父母的分离焦虑症。如果我们当真期待并要求孩子承担责任,就可能不再需要对他们絮絮叨叨了。然而,如果我们正在忍受婚姻中的寂寞感,或者在破碎世界中感到缺乏安全，我们就可能下意识地唠叨和提醒孩子，设法参与孩子的生活并追求与他们的亲密感。另外，我们任凭孩子缺乏责任感还有一个无形的好处：假如我们始终让他们依赖我们，就不必独自面对死亡的恐惧，因为我们将始终是某个无助之人的老妈或老爸。

克服矛盾心理

我在上文中谈到过，《塔木德》教导我们，"教孩子学会游泳"是育儿的首要责任。这是因为，育儿的目标乃是培养子女学会独立生活。那些认为孩子太忙而无暇来干家务活的父母或许需要想想：以后妈妈不能帮孩子洗衬衣或给面包圈涂上奶油时，孩子又该如何生活呢？我见到许多儿童都具备卓越的科技技能，但缺乏普通而实用的生存技能，而且除我之外，其他人也观察到了这种现象。某位美术老师曾经向我讲述了她在给二年级学生上剪纸课时发生的事情：

> 孩子们需要将大瓶子里的水倒进碗里，但是没有人自愿来倒水。我问："大家知道怎么倒水吗？以前有人这样做过吗？"结果呢，没有任何人倒过水！我真是大开眼界。他们不会倒水。但我敢打赌，早在读幼儿园时，他们就知道如何在计算机中装载软件了。

我还敢打赌，有些孩子在幼儿园时就已经学会如何倒水，但由于后来缺乏机会，他们无法练习这项技能。在家中，父母会为他们倒水。我见过很多父母抱怨他们的孩子因为太娇气、懒惰、拖沓或者太笨拙而帮不上忙，但是我们只要深入探究此事，就会发现问题源于父母而非孩子。他们发现，花时间教导孩子干家务活还不如自己动手简单。的确，年幼的孩子能够完成的许多任务并不能真正节省你的时间，但是，如果你注重他们未来自力更生的能力，你可能就会放慢节奏并鼓励他们尽早努力。

父母因为忙于工作而感到内疚或者因为心疼孩子而不给他们安排家务活，对孩子都没有任何好处。相反，这是以牺牲孩子未来的幸福为代价来换取他们暂时的好感。现实世界充满了重复性任务以及各种奖励和荣誉，让孩子远离现实世界只会使他们变得更加脆弱。不妨以你非常熟悉的工作——"育儿"为例。它要求我们完成各种各样的任务，其中有些事情非常美妙，例如在道"晚安"时亲吻孩子光滑的额头和脸颊，或者在孩子的第一场单簧管演奏会上为他鼓掌；有些事情则会令人难受，例如连续三次更换沾满呕吐物的婴儿床床单，或者在漫长而繁忙的一天结束后使用闪卡帮助他们练习乘法表。所有这些杂务都是育儿工作中的重要内容，同样，孩子作为家庭中的成员，照顾自己并帮助家人也是他们的重要责任。

根据心理学家唐纳德·芥川和泰瑞·惠特曼的说法："只有人类这种生物会花费心思让后代感到开心，其他动物只是在培养后代的生存能力而已。"除了疼爱和关怀以外，子女值得我们付出更多东西。他们需要学习如何照料自己并最终回馈社会。就此而言，家务活并非课外活动，而是人生的基础课程。如果孩子意识到你很重视家务活，他们

第 6 章 工作之福：明白家务活的神圣价值

也就会重视起来。

让家务活变得有意义

如果你确信家务劳动的真正价值，你就可以消除内疚感和矛盾情绪，并像你的祖母那样放心地给孩子安排收拾餐桌或洗锅之类的任务。显然，我们内心是知道家务活对我们有好处的。我回想起自己以前开办育儿课时的一次对话，它反映出母亲们多么渴望给孩子安排有意义的家务活。

这一切都要从一位母亲描述她的姐姐丽莎的生活说起。丽莎靠小型奶牛场为生，这个农场是从家族中继承下来的。丽莎、丈夫和四个孩子每周都会举行家庭会议，轮流安排各种杂务，包括喂养动物、监督挤奶以及记账。农场盈利以后，家人之间会分配利润。最小的孩子获得较少的利润，较大的孩子能得到更多利润。孩子们得到的这笔钱都由他们自主支配。对于年幼的孩子来说，它意味着额外的糖果、发饰和电脑游戏等。年龄较大的孩子可以用这笔钱来购买衣服、支付电话费和汽油费。父母负担家庭所有必需品的开销，例如学习用品、生病就诊和保暖毛衣的费用，但孩子们的零花钱却会随着农场的盈亏状况不断波动。如果某个季度农场的利润减少，额外的零花钱也会减少。

现在我们要谈谈有意义的家务活以及其逻辑后果！与农场劳动相比，清理餐桌或将衣服放入洗衣篮似乎显得很微不足道。在我的育儿课堂上，城市妈妈们认为，丽莎的孩子们在获得报酬的同时也获得了充分的自尊感。父母们都想要让自己的孩子拥有这种自信和能力，可是怎样才能做到呢？

学会选派家务活

在分配任务时，父母遇到的主要绊脚石是不知道将哪些家务活安排给多大年龄的孩子。如今我们不再生活在大家庭里，无法从经验丰富的父母那里得到育儿建议，因此我们可能不确定应该如何要求孩子。而且，由于世界瞬息万变，老规矩也可能不适用了。尽管你不能再安排6岁的孩子独自去集市上买面包和牛奶，但是你仍然可以教他如何打扫厨房地板、喂狗并折叠好干净衣服。儿童要逐步习得责任感。关键在于，随着他们逐渐成长，不断为他们安排更多的任务。

通常，儿童首先应学会照顾自己，包括上厕所、梳洗打扮和吃饭。2岁的孩子可以用大型海绵擦洗高脚托盘，用鸡毛掸子清扫椅子等大型坚硬物体。到3岁时，孩子就可以开始负责给自己穿衣服。再大些的学龄前儿童可以给植物浇水、擦桌子并将待洗的衣物按颜色分类。到了4岁，他们便可以在家长的监督下洗手和刷牙。

四五岁时，孩子们可以学习如何照管自己的用品：收拾好自己的玩具，整理床铺，将脏衣服放入洗衣篮中。接下来就是照顾家人和学做家务。此时，孩子可以帮助摆放和清理桌子，从洗碗机拿/放碗碟，为妹妹包扎受伤的膝盖，从而促使家庭这艘船舶在大海上平稳地航行。更大些的儿童和青少年可以学习做饭、熨烫、洗车和自己赚取零花钱。在犹

第6章 工作之福：明白家务活的神圣价值

太教教义中，家庭是一个小小的实验室，可以培养孩子在成熟以后的责任感，继而将社区视为大家庭，助力慈善事业，并为他人提供服务。

安息日和犹太节日为孩子们创造了很多从事有益工作的机会。在这些情况下，你甚至不必发掘其神圣的内涵。学龄前儿童可以在白面包上撒些罂粟籽，将蜡烛放在烛台中，或者将成沓的餐巾摆放到桌上。我们在每支蜡烛的底部使用小罐的粘蜡，这被称为"licht magic"。孩子们在粘蜡中转动蜡烛，然后将蜡烛放入烛台，这样蜡烛就会完全竖直而不会朝任何方向倾斜。我还没有见过哪个孩子会对此无动于衷。点燃安息日蜡烛时，我们还会使用长长的壁炉。这样，即使最小的孩子也可以玩火并点燃特殊的灯光。2岁的孩子可以使用两件不容易破碎的工具来帮助清理或摆放桌子。年幼的孩子喜欢装饰饼干，也喜欢用牙膏擦亮银器后那种亮铮铮的效果。大人们可以放心地让8岁孩子在餐桌上摆放8件物品或者撤走它们，这些物品包括易碎的高脚酒杯。每个人都可以用锤子和钉子帮助搭建苏克棚、挂花环以及用图纸和卡片装饰墙壁，可以在普林节[①]为朋友、邻居和贫穷的家庭制作节日专属的食品小篮子。

安排家务活儿是一个长期的过程。随着孩子逐渐长大，其职责也会发生变化，有时你还需要考虑年龄之外的因素。在某些情况下，安排家务活取决于你和孩子之间的关系。例如，当父母问我5岁的孩子是否应该自己洗头时，我总是（以心理学家的良好心态）反问："你介意为孩子做这件事情吗？"

[①] 为纪念和庆祝古代流落波斯帝国的犹太人从灭种的危险中幸存的节日。

可能有的家长会说:"实际上,我喜欢给伊娃洗头。她的头发很长,是黄铜色,浸水以后显得非常漂亮。当她在浴缸里洗澡时,我们会一起编故事,一起唱歌。我就是趁着这个机会教她学习新歌曲的。"此时,我便会对这位家长说:"请不要停止给伊娃洗头。你可以给她安排别的家务活,或者安排年龄较大的女孩应该做的事情,但不要放弃你俩拥有的美好时光。"

其他家长可能会有不同的回答:"是的,我很介意。我认为希拉的年龄已经大到可以自己洗头了,但我担心她自己洗不干净,忘记用洗发露或挂好毛巾。"对于这样的家长,我会回答:"只有一个对策。如果孩子没有完全按照要求去做,结果会怎么样?会有怎样的损失,又有怎样的收获呢?当你怀着沮丧或不满的心情给她洗头时,她能感觉得到。这对你俩都不好。现在不妨后退一步,给她机会,让她边做边学吧。"

不要低估你的孩子

就像你不想让孩子做力不从心的事情一样,你也不想低估他的能力。在我的育儿课堂上,有个妈妈用沮丧而茫然的口气讲述了下面这个故事。她说话的语气就仿佛戒瘾康复的"十二步项目"的参与者在坦白自己突破了底线:

我叫娜奥米,是一个单亲妈妈,有两个9岁大的双胞胎

第6章　工作之福：明白家务活的神圣价值

儿子。目前我做着全职工作。这周我真心觉得对不起孩子。上周四，在准备好晚餐、帮助孩子们做完作业之后，我在沙发上睡着了。当时还不到七点半。孩子们为我盖上毯子，关掉灯，然后自己上床睡觉了。当我早上醒来，还躺在沙发里，他们已经做好午餐和点心，穿好衣服准备去上学了。

这明明是个好事！当然，我并不是主张让所有9岁的小孩每晚自己就寝，但这两个男孩显然能够做娜奥米经常为他们做的事情，比如准备午餐。

其实孩子能够独立完成许多事情，他们的能力有时会让父母大为惊讶。如果祖父母仍健在的话，家长们只需打个电话就可以了解实际情况，问问这些长辈在7岁、10岁或12岁时会承担什么责任。当我向我们家族中辈分最高的长辈们询问此事时，这些年龄介于75~90岁的祖母们说，在上小学时，她们"擦地板时会涂上地板蜡，然后用鞋子踩着抹布到处擦地"，还会"除尘""熨烫""洗澡""给弟弟莱尼洗澡、喂饭和换尿布"以及"帮忙制作食物"。祖父们则说，除了完成功课、接受宗教训练和照顾弟弟妹妹之外，他们还会帮助父亲完成其工作。

安排任务时要放权

承认孩子的能力的同时，你还需要在他们承担更多家务活时授予他们更多的权限。心理分析学家威尔弗雷德·比昂就将"奴役"定义为"有责无权"。当你给孩子安排任务时，只要合理，就尽量让他们自主决定如何完成工作。不要坚持要求他们完全采用你的方式，否则你可能看上去像法老那样专横。要知道孩子们正在学习，而你已经是专家了。同样重要的是，他们并不是你的缩影。他们将会摸索出自己独特的方式来穿衣服、整理房间或烹饪食物，如果你要求他们完全按照你的方式去做，就会抹杀他们的创造力，加剧他们的抵触情绪。

当艾玛制作她人生中的第一份三明治时，她得意地使用未折叠的薄餐巾纸而不是碟子将三明治直接端上餐桌。我看见大大的硬面饼上涂了黄油、花生酱和果酱，三明治中间呈十字形夹着两片泡黄瓜，每个角落对称地放着四个烤小番茄，但这些番茄似乎随时都可能掉下来。看到这个三明治，我就立刻察觉到了它在营养和摆放上的不足，并想要接二连三地追问艾玛是否将厨房弄得乱七八糟。可我最后没有这样做，只是问了一句："艾玛，我看到你自己在做午饭。我可以和你一起在餐桌旁吃饭吗？"

懂得激励孩子

在犹太哲学中，关于如何激励儿童承担责任，存在着两种不同的基本看法。其中一种看法主张积极地强化善行，激励越甜蜜，孩子就越愿意配合。12世纪的犹太医生兼哲学家摩西·迈蒙尼德斯认为，孩子不会自然而然地积极学习《摩西五经》。他在著名的法律和道德规范

第6章　工作之福：明白家务活的神圣价值

《密西拿书》中解释：让孩子养成做善事的最佳方法就是在他们小时候利用奖励加以引导。他说，为了吸引幼儿学习《摩西五经》，应该使用"坚果、无花果和蜂蜜"来哄他们。对于十几岁的孩子，他建议使用"华丽的鞋子和华丽的衬衫"。

在我们的会堂，这种习俗仍然存在。虔诚的学生们会在星期六上午主持儿童礼拜活动。在讨论《摩西五经》时，任何主动回答问题的孩子都会得到小点心。家长们能够直观地理解这个延续了六百年的传统的效力，因此很少有父母抱怨孩子在早上吃了甜点。

积极的强化措施并不同于哄孩子听话。你使用的强化措施不必是甜蜜的、昂贵的或费时的。你可以授予孩子荣誉或特权，例如让他有机会连续三天挑选家庭晚餐的菜谱，选择全家人在下个周末去哪家餐馆就餐，或者有机会熬夜看剧。对于学龄前儿童，奖励红星可能就足够了。

针对让孩子承担责任一事，还有一种观点认为：如果孩子长期不配合，则需要进行严格的管教。据说约书亚拉比曾经对他的学生们说："可以将孩子比作小牛犊，如果在小时候不教它们耕犁，那么它们将很难学会干活。也可以将孩子比作葡萄树枝，如果在幼嫩之时不折弯它，等到变硬以后，你就对它毫无办法了。"

那我们应该如何教导和"折弯"孩子呢？《箴言》中多处谈到了"孩子不打不成器"的道理："因为耶和华所爱的，他必责备"（3:12），"不忍用杖打儿子的，是恨恶他"（13:24），以及"管教你的儿子，他就使你得安息"（29:17）。然而，《摩西五经》教导我们采取巧妙的方式来进行管教。犹太传统禁止侮辱、威胁或体罚儿童，并建议我们效法上帝。在惩罚之前，上帝始终会事先警告悖逆者，告诉他们继续执迷不悟会承担什么后果。在第 8 章中，我们将更详细地讨论犹太人的惩罚观，并与读者分享《摩西五经》对于有效管教孩子所提出的建议。

在本章开头，我讲述了艾玛不肯刷牙的故事。最终我们解决了这个问题，但并不是使用迈蒙尼德斯的方法、奖励红星或纯粹的鼓励措施。相反，我们意识到，如果要让这只"小牛犊耕犁"，我们必须变得更强硬。

某天晚上，我完全受够了，就说："艾玛，你得做件事情。刷牙以后上床睡觉是你应该做的。你可以自己刷牙，当然，我也乐意帮你。在这个家里，每个人都要完成自己分内的事情。如果你不愿意完成，就必须去后院待着。你明白我说的吗？我要确定你听懂了。你能够复述我的话吗？你现在想怎么办？"

艾玛眨着明亮的眼睛，笑着飞奔出房间。我找到她，捉住她的手，说："你已经做出了选择，艾玛。你现在得到外面去。"

我将她抱在怀里，然后一言不发地下楼。艾玛的表面很严肃但又充满好奇。我们居住在加利福尼亚州南部，十月的夜晚虽然很黑暗却气候宜人。她并不想独自待在外面。我们走到后门时，她开始紧张起来。"妈妈，"她说，就像刚刚想起来似的，"我们回到楼上去，我会马上刷牙。"

"你肯定吗？"

"是的。"

我将她放下，她像个士兵那样迈着庄重的步伐上楼了。刷完牙以后，她就钻进被窝里睡觉了。第二晚，她也十分配合。但到了第三晚，

第6章 工作之福：明白家务活的神圣价值

她又眨着眼睛，开始折腾起来了。我提醒她后院的事情，她知道我是认真的，于是乖乖地去刷牙。从此以后，这个问题再也没有发生过。

停止唠叨，坚决实施

身为父母，我们需要让孩子承担责任，但无须时刻提醒他们。我们最终是要促使他们自觉完成家务，而且能主动充当帮手。他们应该问"我能帮忙吗"而不是"我必须这样做吗"。为了鼓舞孩子培养这种态度，你必须在生活中让他们知道，做家务活虽然在所难免但却是很光荣的事情。

指示孩子做家务时，你需要态度亲切、平心静气、表达轻快而明确。并且，让孩子复述你的要求，以免产生误会。"是时候准备晚饭了，"你可能会这样宣布，"卡罗琳，我需要你帮忙布置餐桌。德里克，你切胡萝卜和芹菜。我切洋葱和大蒜。亚当，你完成作业后，立即把水杯倒满水并加入冰块，要在 6:30 以前完成。每个人都明白了吗？有问题吗？"

这样宣布任务可能会导致孩子们长时间保持沉默或不可避免地提出抗议："那不公平！"为了打破沉默，你可以继续说："我要确保每个人都知道自己应该做什么。我要确保你们已经知道了。卡罗琳，你先开始复述。"如果他们抱怨你安排不公，你在回复时可以先扪心自问。如果你确定这样分配任务基本上是公平的，那么你可以认为他们只是想要狡猾地逃避家务。此时，你可以说："我听到你们说这样分配任务极不公平。"或只对年龄较小的孩子说:"我听到你说这样不公平。"然后直接表明你的态度:无论他们认为公平与否,这都是他们的职责所在。

如果要与两个或多个孩子讲话,你可以说:"我为你们提供这种安排。你们可以制定图表,轮流处理家务活,如果需要帮助,我会协助你们的。如果你们不想轮流做家务,那么我们可以在周日晚上的家庭会议上坐下来好好讨论,看看如何制定公平的方案。但是,今晚这些工作需要完成,我不愿意再讨论了。你们理解了吗?如果对此有任何更多的抱怨,你们得自己承担后果。"(有关适当后果的建议,请参阅第8章。)

你不必每晚都重复这样的话!告诉他们你不会再说第二遍。没完没了地提醒、唠叨或者呼吁他们履行职责,只会事倍功半。试着将你的孩子或孩子们假想为军队的士兵、成群的野驴或昏昏欲睡的小猫崽,总之,你可以充分发挥想象力以摒除自己在这个情况下的主观意见。你只需要记住一点:有项任务需要完成,你分配下来了,孩子得完成。你不用每件事情都亲力亲为,然后忍受沮丧和怨恨的煎熬。上帝希望孩子们学会如何迅速有效地做好家务活,而不需要他们喜欢上这些事情,也无须你设法讲道理来让他们认同自己会从中受益。

任务完成以后,你应当承认孩子的功劳,但不要高兴得手舞足蹈。因为如果父母的反应过于明显,孩子便会在每次完成任务后都期望父母给予他们热烈的赞扬。还有,观察他们的良好表现,及时表达感谢并赞赏他们的努力,例如:"姑娘们,谢谢你们。你和纳塔莉都想得很周到。在她的妈妈来接她之前,我看到你们俩用心地打扫了房间。这很好。"

第 6 章　工作之福：明白家务活的神圣价值

分配家务活的行动计划

给孩子们分配家务活并监督他们完成，将是你有史以来从事的最乏味的工作。这种事情没完没了，足以拖垮最伟大的父母。我的咨询对象玛格丽特就是一个活生生的例子，告诉我们善良的父母会怎样被倔强的孩子拖垮。"6 岁的萨拉很少记得自己整理床铺。"玛格丽特有一天在我的育儿课上说道。

每当我问她为什么没有整理床铺时，她都有现成的借口："我的手臂受伤了""我一个人完成不了"或者"我忘记了"。哪怕是能轻易完成的事情，她也希望我能帮忙，例如把玩具收拾好或者倒牛奶。如果我叫她去扔垃圾，她就会说她不敢单独出门，只有我陪着，她才愿意去。她这么一说，就让我觉得不如自己去做更省心。

让顽固的孩子承担责任，归根到底是意志的对决。万事开头难，要孩子完成新的日常家务活以及父母刚下定决心的时候才是最棘手的。为了顺利通过过渡期，这里有一个分配家务的行动指南可以帮助孩子完成任务。我们将以玛格丽特和萨拉为例。

放下孩子
The Blessing of a Skinned Knee

想象你的孩子生活在大家庭中

如果想要客观地看待家务活安排,首先请你设想假如孩子生活在有 6 个兄弟姐妹的大家庭里,那他可能要做哪些工作,因为对于那样的家庭,如果每个家人都只顾自己,家里就会变得杂乱无章。玛格丽特意识到,如果莎拉生活在忙碌的大家庭中却依然到处乱扔鞋子、袜子和玩具,最后她就找不到这些物品了。她还意识到,萨拉还得帮忙摆放餐具和清理餐桌,甚至可能还要帮忙照顾弟弟妹妹。

将孩子能胜任的家务活列入愿望清单

请将你认为孩子能胜任的家务活通通写下来,尽量根据孩子的兴趣、气质和成熟程度安排相应的任务。玛格丽特想出了萨拉足以胜任的许多乏味但必须完成的任务,包括:挂好自己的背包和夹克,放学回家后取出午餐盒、摆放餐具,以及晚餐后清理桌子。

但是,在父母讨论过她的天性以后,萨拉也得完成某些特殊的工作。自从出生以来,萨沙的感官就很灵敏。她喜欢鲜艳的颜色、烹饪的味道,喜欢听音乐,还热衷于美食。于是玛格丽特特意让萨沙将 CD 播放器拿到厨房里,这样一家人就能在烹饪晚餐的时候同时听音乐。萨沙还会负责给 CD 播放器装碟和调节音量。

第 6 章　工作之福：明白家务活的神圣价值

让孩子循序渐进地承担责任

隆重地宣告"家里将要发生若干变化！"是没有效果的。犹太教教导我们，不能所有事情都齐头并进，而是每次只履行一项诫命（宗教或道德义务）。"进门时即挂好背包和夹克"是玛格丽特为萨拉挑选的第一项任务，因为每天在前门的地板上发现这些物品让她感到很恼火。而萨拉在第一天就忘记做这件事了，玛格丽特警告她，使用电脑的时间取决于她是否能够自觉地挂好自己的东西。

"萨拉，你要怎样才能记得将东西挂好呢？"玛格丽特问。

"你提醒我"是萨拉最初的建议，但玛格丽特拒绝了这一建议。然后萨拉提出了新的点子。

"我们可以在门把手上系一根红丝带。"

"嗯，很有意思。我们可以试试。"结果这很管用。

数周过去了，玛格丽特开始给她安排新的任务。其中，清理餐桌是最难落实的家务活。萨拉并不介意摆放餐具，因为这意味着晚餐很快就会上桌，但餐后收拾桌子根本没有吸引力，连红星奖励也无济于事。几周以来，玛格丽特都不给萨拉奖励星星，也禁止她玩《我的世界》的游戏，然而事情毫无进展。我建议玛格丽特改变策略，只让萨拉收拾银制餐具，在水龙头下清洗完以后再放到洗碗机。这项工作吸引了萨拉，因为从头到尾很快可以完成，她会自觉地完成它。

放下孩子
The Blessing of a Skinned Knee

不要告诉孩子怎样去做，除非他们毫无头绪

在孩子履行责任时也要赋予他们权力，这包括允许他们将事情搞砸一两次。你需要留出额外的时间来纠正错误和善后，让孩子从错误中学习。通过反复的试验和犯错，萨拉已经知道：如果她忘记在餐桌上给大家放杯冰水，她就必须在晚餐时起身去做这件事（如果你的孩子手足无措，可能是你没有给他安排合适的任务）。

给予帮助，以便孩子能顺利完成任务

父母需要确保为孩子提供必要的帮助，以便孩子能圆满地完成任务，例如清理餐桌碗碟的轻便托盘，为不会使用真空吸尘器的孩子准备地毯清洁工具，把晾衣竿和收纳箱放置在他们够得到的地方。同时，根据当下的情况调整你的期望。大多数孩子自身都是"闲杂人"，你会发现，他们今天或这周很乐于帮忙也很尽职，但明天或下周就不是这样了。家长要挖掘各种各样灵活的办法让孩子帮忙，而不是每次都死守规矩。

设计一套奖励、特权和惩罚机制

惩罚和特权要与错误和贡献相称。你显然不会因为孩子记得更换厕所卷纸而带他们去迪斯尼乐园玩，但要记住：过多的外部奖励会削弱内在的积极性。有时候，轻轻拍拍孩子或者微笑就足够了。我观察到，

第 6 章　工作之福：明白家务活的神圣价值

许多睿智的教师都知道，哪怕只是严厉的一瞥，只要使用得当，就可能是非常管用的惩罚。

为了奖励萨拉每周完成分配的家务活，她的父母允许她在周末推迟 1 个小时上床睡觉，并有权选择观看喜爱的电视节目。她还获得了一些新的权利。玛格丽特把萨拉的衣橱和抽屉分为两类：校服和派对服装，莎拉每天可以自主选择着装。此外，萨拉每周有几个晚上有权决定家人的菜式和帮助父母做饭。当萨拉承担了更多的责任以后，玛格丽特就允许她单独骑自行车到街上最好的朋友家玩。

坚持到底

育儿专家芭芭拉·卡勒罗莎表示，真正影响孩子的不是惩罚的严重程度，而是要言出必行。如果你说带孩子去看新版《星球大战》的电影，以奖励他这周在承担家务和责任方面表现良好，那就要这样做。萨拉的父母也认识到，言出必行是孩子们配合父母的关键所在。他们还意外地发现，如果不再哄骗孩子，而是用图表记录萨拉要履行的职责，她会迅速投入工作。而萨拉也知道，如果不做家务，她就会失去使用电脑的宝贵时光。

我的家庭是怎样安排家务活的

很少有家务活会像饲养动物那样教导我们了解生活。我们最初的养狗经历非常失败，我也从中体悟颇深。那时，我4岁的小女儿和8岁的大女儿乞求我养一只小狗，最终我们选择了长着赤褐色毛皮的匈牙利维希拉猎犬，它的颜色和我们家里餐厅墙壁的色调十分协调。我们决定养这只狗的理由是：照顾小狗为孩子们提供了承担责任的机会。我们给他起名"Bo"，是希伯来语"来"的意思。

我们饲养Bo显然违反了《利未记》第19章中的禁令："不可将绊脚石放在瞎子面前。"但我们当时并不知道。于是，家里完全乱套了。维希拉猎犬是异常友善而好动的宠物品种，它们体形硕大、调皮而且难以调教。Bo每次跑向4岁的艾玛时都会将她撞倒，因此艾玛要花费大量时间来寻找藏身之地。在它将孩子们的鞋、图纸或者填充娃娃弄坏以后，我同样要花费大量的时间来安抚她们。我也经常打电话安排它和邻居精力充沛的大狗玩耍（这是事实），希望它玩得精疲力竭以后，家中能够拥有片刻的安宁。

孩子们学到如何承担责任了吗？丝毫也没有。但父母却学到了很多有用的东西。首先，我们想让孩子们开心的愿望被误导了。孩子们提出请求时并不了解自己需要什么，可能养狗的时机也不对，因为女儿们当时还不够成熟，无法照顾活蹦乱跳的小狗。而且，我们也忘记了考虑这条狗的脾气和天性：我们家不适合饲养这个品种，因为我们并不是大大咧咧地生活在乡下，在乡下才有可能调教这样一条大型犬当玩伴。所以最终，我们把狗送给了酷爱维希拉猎犬的家庭。

在小女儿8岁，大女儿12岁时，我们又试着养狗。这条狗叫米拉，是沉着冷静的博德猎狐犬，它当时一岁半，14磅重，只需要稍加照料即可。12岁的苏珊娜也已经长大，能够全权照顾这条很随和的小狗。

第6章 工作之福：明白家务活的神圣价值

她每天早上给它喂食，周末则在水槽里熟练地为它洗澡。艾玛会带着它在街区散步，给它套上围裙，戴上管道清洁帽，并和它一起听小音乐剧。

两个孩子每天都会尽力关爱和照顾这个家庭新成员。米拉和孩子们之所以相处融洽，是因为完成这项任务的所有必要因素都已经成熟：孩子的年龄已经够大，不再需要成人监督，她们已经具备必要的成熟度和判断力来照顾米拉，并且这些任务值得去做，狗会扮演艾玛的裁缝，也会在苏珊娜身边寸步不离。有一天，艾玛还利用自己照顾米拉的经验开拓了新的赚钱渠道。她和邻居朋友罗斯拎着狗粪铲和塑料袋，主动提出清扫邻居的后院，每铲的报酬是15美分。

尽管会遇到各种挫折和障碍，但家务活仍然让我们拥有独特的机会来教育孩子认识到家庭伦理、自力更生和责任感，并意识到每项行动的神圣力量。圣贤教导我们，要摒弃大多数先入为主的想法。坚持要孩子完成日常任务，就能逐渐向他们传授经验教训，这可能会让他们终身受益，帮助他们在成年以后自力更生，在社区中尽职尽责，并关爱子女。

第 7 章

食物之福：
建立餐桌上的饮食法则

✡

食物是神圣的礼物。
提醒自己和孩子是谁在提供食物、进食的目是什么的，
以及我们对食物应有的态度，
这样，你才会得到有效的方法来消除家里众多的餐桌拉锯战。

起初，上帝对亚当和夏娃非常热情和慷慨。他说，"欢迎来到伊甸园。我给了你们旺盛的食欲，知道你们很快就会饿。请不要犹豫，随心所欲地享用食物。但有一样东西你们不准吃。看到花园中央的苹果树了吗？要远离它。"然后上帝非常明确地讲述了违背禁令的后果："如果你们吃那棵树上的果实，你们就会死。"这制止住亚当和夏娃了吗？当然没有。而孩子首先会违背的也正是禁令。

很久很久以来，爱、权力和饮食就是紧密相连的，这也体现在我认识的许多家庭中。当然，在美国人们形成了刻板的印象：过度关爱孩子的犹太妈妈会敦促已经吃饱的孩子再多吃一块鸡胸肉。这种成见自有它的道理。1923年，在一份为新移民提供建议的杂志中，有篇文章指出："犹太母亲对子女的饮食问题表现出了不同寻常的关注。总体来说，她不应该再担心子女的食量和衣着。"

犹太教会主要以餐桌为中心开展宗教活动，可能正是这个原因，犹太父母才会如此重视饮食问题。随着古代的圣殿被毁，家庭餐桌正在替代原来的圣坛：餐桌属于我们和上帝。据当今的人口学家报告，美国直接归信犹太会堂的犹太人少于50%，但超过90%的人会参加例行的年度宴会，即逾越节家宴。就大多数犹太教徒而言，"厨房犹太教"是他们和信仰之间最基本的纽带。犹太教认为，食物可能是促使灵魂圣洁和家庭团结起来的有力工具。如果对食物秉持恰当的态度并营造妥善的进食环境，精神世界的理想就能融入日常生活中。

两代人的饮食观

当父母因为孩子的进食问题（或者感觉孩子有进食问题）来找我，我不仅能直观地了解到这个家庭的情况，还能追溯出他们的父辈或祖辈的情况。在现代父母与孩子的饮食对抗中，我也时常看到大萧条和第二次世界大战后的时代缩影。

玛妮就是这样的家长，她5岁的儿子阿希尔患有偏食症，只吃白色的食物。在提出建议前，我先询问了玛妮自家的饮食背景。我所咨询的许多客户都由具备类似饮食态度的父母养大成人，而玛妮的父母比大多数父母都更加极端。"我的父母对食物很严苛。"玛妮这样告诉我。

> 他们真的很可怕。这是我童年最糟糕的事情。妈妈要求我们吃完盘子里的所有东西，吃食物也有特定的顺序，要先吃蔬菜。妈妈聪明、能干，原本可以经营自己的事业，成为律师，或者从事其他职业。但那是50年代，她只能全职待在家里照顾我们。我觉得，她将自己的控制欲发泄到了我们身上。她会留意我们吃下或没有吃下的每一口食物。

我的爸爸更糟糕。如果我们没有把食物吃完,他便叫妈妈把食物放进冰箱。然后妈妈会反复端出来,直到我们吃完为止。他还保留着大萧条时期的心态:不能浪费食物。我讨厌这种做法。

在这样的背景下,毫不奇怪,玛妮会因为食物的事情而心怀怨恨并与阿希尔斗智斗勇。很多父母都想尊重孩子的尊严,尤其想要尊重孩子拒绝食物的权利。与此同时,这些父母有强烈的健康意识,担心(有时甚至会无意识地和其他父母攀比)孩子的体重、身高和体魄。他们希望自己的儿女们脱颖而出并且身体健康。但实际情况更复杂:父母希望孩子喜欢健康食品,这样他们就不必扮演坏人了。当然,孩子们很少顾得上父母这种复杂愿望。

事实上,"健康"的定义日新月异,这让整个过程更加闹心。今天称可以喝2%的低脂牛奶;明天又说脂肪摄入太多了;后天讲孩子们应该喝全脂牛奶,因为他们的成长需要脂肪,而脂肪含量有助于他们吸收更多的钙。比起我们如今应该记住的详细营养表,"四类食物"的分法简直就是原始洞穴里的绘图。相较之下,还是妈妈和奶奶那辈人比较轻松。

食物的力量

现今,教育孩子要健康进食并表现出对食物的自律和良好的判断

第7章 食物之福：建立餐桌上的饮食法则

力，就像是在酒吧里举行 AA 制的聚会。不，还要糟糕些。我们不能像戒掉酒瘾和毒品那样避免进食。因为食物是生存的必需品，这原本是我们生命的动力。在我们的消费文化里，食品是魅力非凡的商品。食品制造商注重利润而非健康，他们会瞄准最易受影响的消费者——孩子。广告商也在不懈地引诱孩子，利用各种口味、颜色和口号让孩子们上钩。想要寻求乐趣和满足的孩子尤其抵制不住广告的诱惑，会央求我们购买电视上推销的商品。由于过多地食用可可松饼、方便午餐以及通心粉和奶酪，他们最终摄入了过量的卡路里、糖分和脂肪。

健康标准（更不要说当前的社会时尚）往往推崇苗条的体型，因此父母们也热衷此道。孩子们却坚持不懈地央求父母为他们买那些不健康的食品，同时他们又缺少充分的锻炼，有些孩子会因此发胖。父母非常关注孩子吃什么、不吃什么，而孩子们凭着直觉就能认识到，这是他们夺取权力的大好机会。在食品方面，少有父母能够保持清醒、冷静和威严。所有这些因素汇聚起来，饮食问题就变成了战场。

某些父母忙着在餐桌上与孩子争论，其他父母则陷入另一场冲突之中：将食物本身视为敌人。这些家庭过度关注健康和体重，为父母或孩子吃下的每口食物都定下了标准。

某种程度上说，饮食失调是一种精神失调，因为患者正在与生命之源作斗争。尤其是女性往往对食物藏着深厚、私密和爱恨交织的情感。许多女性不信任她们赖以生存的物质，但恐惧却导致她们失控、暴饮暴食和体重增加。更多的人每天频繁地花时间称体重，而不是祷告。即使我们没有大声表达出担忧，但对于食品和饮食的这种矛盾态度以及因此在自律、内疚感和感官欢愉之间产生的张力同样传递给了

放下孩子
The Blessing of a Skinned Knee

孩子。

毫不奇怪,过度关注食品的父母会强迫孩子接受理想的成人饮食习惯。社会学家希拉·基辛格不无挖苦地谈到了"吃什锦早餐所导致的营养不良"现象,即父母需要保持苗条和健康,并要求孩子也吃低脂高纤的饮食。这种饮食导致孩子们营养不足,因为他们还没有获得必要的蛋白质就已经觉得吃饱了。如果食物是你生命中黑暗而危险的力量,那在孩子的生活里也可能是这样。与其试图在孩子身上驯服"恶的冲动",不如与自身贪吃的欲望和内疚感进行搏斗。

将食物视为战场或敌人并不是新近出现的窘境,但今天的父母却将这种斗争提高为"食物神学"。在这个缺乏明确和特定道德框架的社会中,许多家庭将其对健康饮食的信念转变成宗教的替代品。在食品挑选获得道德力量(低脂食物和瘦等于美德,垃圾食品和超重等于罪恶)以后,食物神学取代了更深层的精神价值。这种做法导致权力斗争更加情绪化。

父母为什么要将饮食问题演变为道德上的严酷考验呢?在21世纪初,我们发现,生活中只有为数不多的几个方面处于我们的控制之中。无疑,如果我们非常警惕的话,我们和孩子吃下的食物便是我们唯一可以控制的东西。如果我们给子女吃健康的食物,我们会觉得自己是优秀的父母。如果孩子学会克制自己不吃垃圾食品而改吃小胡萝卜,那他们就是好孩子。我常听说的许多故事都可以证实这个理论:8岁的埃米莉在学校露营的时候,除了喝脂肪含量为2%的低脂牛奶外,拒绝喝任何饮料。她虔诚地、一本正经地向老师解释说:"我们在家只喝脂肪含量为1%的低脂牛奶。"埃米莉想要当个好孩子。

第 7 章　食物之福：建立餐桌上的饮食法则

犹太智慧可以帮助我们树立更端正和合理的饮食态度。将犹太原则与我们的强大食欲结合起来以后，我们会学习到一种营养均衡、圣洁、融洽的饮食之道。

理应享用食物

上帝在造人时，故意将我们和天使区别开来。作为非物质的生灵，天使没有身体的需求或自由意志。他们永远不必看菜单并做出选择，这并不是他们的优势。与人类不同，天使无法将本能转化为神圣的举动，因为他们本来就具备神圣性了。他们的所有举动都是神圣的，所以食物就不足挂齿了。

如果人类想要仿效天使的禁欲主义和严格克己的精神，那是欺骗行为。神要我们接受冲突，艰难地克制欲望并保持自制，抗拒《犹太精神实践》的作者伊兹哈克·巴克斯鲍姆所说的"饕餮之欲"。犹太教义教导我们，为了让自己变得完满，我们需要磨炼人性而不是否定它。但是，这并不意味着我们应该沉溺于美食之中。如果我们过于追求纯粹的感官享受，那就是迈向了享乐主义。实际上，我们理应崇拜上帝，而不是鸡油菌或完美的法式苹果馅饼。

我们既不是要剥夺自己大快朵颐的乐趣，也不是要将食物奉为偶像。同时，我们还必须避免第三种可能性：像野兽那样不经思索地摄入食物。动物都会独自进食，而且始终为食物奔波，它们进食是为了生存而不是品尝。它们不必烹饪，不必把食物盛放在盘子里，更不必把餐桌布置得赏心悦目。动物没有能力停下来计算自己的幸福，它们不会有意识地感谢食物。

《塔木德》教导我们，要在填饱肚子和享用美食之间寻求平衡。如果我们自觉留意进食的时间、地点、菜肴以及进食原因，我们就是在净化自己的饮食。换言之，我们必须将餐桌变为圣坛。

适度、庆祝和圣洁原则在饮食上的运用

也许除了进食之外，生活中再没有任何事情比它更加适用于适度、庆祝和圣洁的原则了。对许多人性问题的关切都会在食物上得到缓解，例如个人形象、健康、善良和自律。这三个原则是我们抗拒当代压力和过高期望的避风港。

如果我们过度节食或者禁止孩子吃任何白色糖果和人工着色的冰棒，我们就是在仿效天使。如果我们彻底放弃，将在麦当劳购买的整袋汉堡扔进货车后座让孩子们随意享用，那我们就跟动物管理员一般无疑。我们需要自觉地对待饮食问题，这样才能充分发挥人类独有的自律和享受能力。

为了激励家人节制饮食同时最充分地享受进食的乐趣，我们可以将用餐时间变得更庄严。犹太传统提倡，和其他人围坐在餐桌前就餐时，要确保部分时间用于交谈，而不是只顾着进食。餐前的祈祷也有作用。这些怀着感激之情的祷告能使我们放慢节奏，反思眼前这顿饭。为了遵守适度原则，我们可以在这些时刻想想，有多少人正坐在餐桌

第7章　食物之福：建立餐桌上的饮食法则

前，他们有多少食物，以及我们需要多少食物才能吃饱。

大多数人都能够接受适度饮食以及将用餐时间变得更庄严的做法。我们过去常常责备自己放任自流，所以适度原则显得很合理。将用餐时间变得更庄严的想法也很好，毕竟我们都希望自己能够放慢节奏，多多欣赏身边的事物。

大众很难习惯于坦然享用食物。这并不是因为我们不爱吃，而是因为我们大部分人相信，没有营养的食物本身就是不健康的。我们从"坏"食物中得到的乐趣必然是带着罪恶的乐趣。我们会因此无法毫无顾忌地享用巧克力泡芙。如果我们整个用餐时间都在计较营养成分或者评估食物的健康／不健康程度，那么我们的食物神学就违背了犹太教的庆祝原则。

漫画家罗伯特·克鲁姆设计的糖果包装纸是我在演讲时最喜欢使用的道具，上面写着"恶魔女孩巧克力棒——这对你来说是个坏事！里面包含了7种邪恶！"包装纸上还把糖果棒包含的七宗罪罗列出来了，包括"美味""花很少钱就能立刻获得快乐"以及"不利健康"，等等。育儿班上的每个人都能联想到"坏"食物令人无法抗拒的罪恶。我告诉他们，根据拉比的教导，在天国里，所有人都需要向上帝报告我们已经看见但拒绝食用的可爱食品，此时，他们往往都会感到很惊讶。

在犹太教中，饮食有两个目的：部分是为了补充体力以侍奉上帝，部分是为了迫使自己享受上帝提供的食物。这意味着，如果你自己吃巧克力棒或者允许孩子吃，你必须先作感恩祷告，以提醒自己尊重它的价值。但如果你吃很多的巧克力棒，你就无法庆祝了，因为它们已经失去了特别之处。要是你在享用的同时又感到内疚，那就是在贬低这种快乐并误解这种祝福。它就不再是庆祝了。

童年时代对气味和味道的记忆比其他记忆更加生动和深刻。我觉得，和父辈们相比，如今我们秉持的枯燥的食物神学更多地妨碍了孩子品尝食物。是的，蛋糕的卡路里含量高，对孩子们的牙齿有害，它不像胡萝卜或芹菜那样是"促进成长的食品"，但是，享用椰子蛋糕所获得的纯粹快乐本身就是非常美好的。在犹太教中，营养和欢乐是兼容的。

犹太教还给我们提供了大量的机会来感恩食物。每年都有假期，每个假期都有相应的代表性食物：蜂蜜，象征着新年的甜蜜；果冻甜甜圈，象征着光明节的香膏奇迹；切碎的苹果、坚果和葡萄酒，象征着我们在埃及为奴时欢度逾越节家宴所使用的研钵。然后，每周都有注重食物的假期——安息日。我们会在安息日当天准备葡萄酒、麻花状的白面包以及丰盛的晚餐。

适度、庆祝和圣洁原则为我们提供了指南，当我们自身对食物感到恐惧或全民痴迷于饮食、健康和完美身材之时，我们可以求助于这些指南。只要将重点从自己身上转移到上帝身上，我们就能学会更健康、更欢乐的饮食之道。

孩子们喜爱的食物

在你着手把餐桌变成圣坛之前，不妨先从孩子的角度了解他们对食物的看法。孩子们对饮食的看法往往很短浅，他们追求即时的满足感。从冰柜中取出冰棒比剥胡萝卜更容易。如果冰棒的形状像火箭船并带有彩虹条纹，那么毫无疑问，这将是他们的最佳选择。这很正常，也无可厚非。

孩子当然会设法让你给他们吃自己最喜欢的食物类型：

- 甜食
- 脆皮食品
- 奶油食品
- 咸味食品
- 包装精美的食品

身为父母，你的职责是适量地向孩子提供这些食物，作为特殊场合下的点心或奖励。当你向孩子介绍适度、圣洁和庆祝的概念时，请记住，他们最初只会无意识地吸收这些原则，同时内心仍然想要棒棒糖和薯条。但是，你可能会惊讶地发现，孩子们可以很好地适应新的就餐仪式以及其他井然有序的进食活动。他们最终会明白，你在这些餐点中投入的时间和精力表明了你对这个家庭的热爱。

用餐前先树立好榜样

饮食与我们的生活如此密不可分，我们有时很难冷静地思考哪些东西在进餐时会导致我们和孩子充满压力。父母往往过于关注孩子的心理健康，以至于忽略了自己的角色。正是由于这个原因，当人们在我的育

放下孩子
The Blessing of a Skinned Knee

儿班上提出孩子的饮食问题时，我首先会询问他们自己的饮食习惯：

- 你会吃孩子盘子里的剩菜吗？
- 你会站在放脆饼和曲奇的橱柜前面吃东西吗？
- 你经常在车上吃饭吗？
- 你是否整天都在用心监督孩子的食量，却在他们睡觉以后尽情享用雪糕和曲奇饼、畅饮红酒或者吃涂有花生酱的小吃和脆饼来犒劳自己？

大多数时候，我们其实都是这样的。然后，我会告诉家长们我自己极为焦虑的饮食问题：营养渗透。晚餐的时候我会过度分析孩子们的饮食信息。就像一位严谨的食品药品专家那样，我会计算他们吃下的每一口食物里的维生素、矿物质、抗氧化剂以及纤维含量。

我有时会想："这顿饭吃得真顺利。每个孩子都吃了至少半个红薯。真是太好了！这个红薯的营养可多着呢，含有 β-胡萝卜素、维生素 A、抗氧化剂以及纤维素。他们还吃了沙拉中的西红柿。也非常好！早餐没有喝上橙汁，现在正好补充维生素 C。鱼排里含有蛋白质、维生素 B12、奥米伽 -3[①]！雪糕作为甜点的主意可能不太好，它含太多糖分，但也含钙。"我会在营养表上一面打钩一面感叹。如果我能够确保他们在睡觉前都没有吃有害食物，那么第二天就要再接再厉。我的感叹里隐藏

[①] 一种多元不饱和脂肪酸，常见于南极磷虾、深海鱼类和某些植物中，对人体健康十分有益。

着这样的含义：我相信如果我的孩子们吃下健康的食物，我也会营养充足，就仿佛宇宙的营养物质在滋养孩子的骨骼和神经系统时，也间接地滋养了我。

心理学把孩子为了成长和自主而脱离父母的过程称为分化。但在涉及饮食时，父母，尤其是母亲，有时很难适应分化的过程。我想，除了我以外，还有许多父母会无意识地认为父母会从孩子的日常饮食中得益。很多父母都有意或无意地相信，只要确保孩子吃有益的食物，我们就没有什么好担心的。

然而，我们和孩子都是独立的个体，有时候我们可能会忘记这点，但他们不会。在厨房及其他任何地方，孩子们都在密切审视我们的举动，并且能迅速指出我们的虚伪。如果你在车上、电视机前面或者站在柜台边吃东西，他们也想仿效。如果你吃他们盘子中的食物，他们也会吃你盘子中的食物。所以，如果你决定改变现有的模式，让孩子们在就餐时更有礼貌和自觉，那就首先从自己做起。改变自己的行为，这样孩子们会更易于接受你教给他们的仪式和感恩祷告。

就餐时你能做出的改变

犹太教的饮食仪式旨在促使我们变得更加自律，克制自身的某些胃口和欲望。仪式属于神圣的生活方式，因为它们将饮食中的生理行为提升为灵魂的自我约束。这个理论听上去很精妙，但如何让如此宏伟的目标影响到爱闹的 6 岁小孩或闷闷不乐的青少年呢？答案类似于我在第 3 章所谈到的内容。你可能还记得我在那一章里谈到许多礼貌用语，无论孩子是否情愿，他们得说这些话。我的想法是，如果他们表现出懂礼貌和感恩的样子，最终他们会开始变成这样的人。

饮食也是如此。当孩子观察到你改变了饮食态度，当他们开始做感恩祷告并遵守仪式时，他们会受到潜移默化的影响。这时你大可以重新安排全家人的饮食模式，当然，也不要操之过急。

营造平和的就餐环境

犹太神秘主义告诉我们，食物能够涌现出神圣的气息，我们有机会改变它并赋予它更高尚的意义。怎样做呢？展示我们的人性：精心准备食物并巧妙地布置。

当你用心去做某件事情，你就会发现更多的价值。方便食品虽然有效、实用，但它可能会损害全家人将餐桌变为圣坛的努力。只有涉及多种感官的动手活动才能让孩子们获益良多，因此做饭和布置餐桌都是传递价值观的极好方法。由于我们每天都要吃饭，所以共同做饭涉及两个基本话题：优质的陪伴时间；完成必要的工作。

除此之外，犹太教命令我们践行 *hiddur mitzvot*，即"将诫命变得更美好，并格外用心"。神秘主义者说，如果预备特别的食物并精心布置安息日晚宴的餐桌，我们就可以品尝到天国的滋味。在我家中，每个家人都会帮忙准备安息日晚餐。我的丈夫迈克尔负责做饭，我在花园采花，孩子们把花摆放好，并在餐桌上摆上仪式用品：祈祷仪式使用的杯子、蜡烛和发酵白面包。我们整周都没有吃诱人的甜点，但是在安息日晚宴上，我会将带有底座的雕纹玻璃蛋糕架放在纸垫上。我的小女儿艾玛负责将烤好的曲奇、甜卷圈或者水果馅饼摆放在蛋糕架上。安息日晚餐需要耗费大量的精力，我绝不愿意每天都这样做，但我们会每周举行一次，它让我们放慢脚步，并强有力地将我们凝聚起来。

马克·吐温说："悲伤可以独自承担，但是要领略喜悦的全部价值，你必须与人分享。"与家人共进晚餐可以增强你对食物的愉悦感。安息日晚餐是个很好的开始，然后你可以考虑家人的生日晚餐，或是在周日早晨准备家人喜爱的"仪式用"的食物并悠闲地享用。我的大女儿苏珊娜会将预先冷冻的香蕉块、冰冻山莓和橙汁放进搅拌机，为我们制作水果冰沙。粉红色的冰沙看着非常精美，味道也很鲜美。重点不在于投入多少精力或者苦心，而在于我们能够在宁静的氛围中共同准备餐点和就餐。

坐下来享受用餐时光

你的餐桌更像圣坛还是疯人院？你会急匆匆地吃饭吗？美国西北大学市场营销学教授博比·卡尔德写道："每个人都想同时做多件事情，以便节省时间。所以你不会坐下来慢慢地用餐。在吃饭的时候，你还会在工作、看电视或开车。"

撰写《塔木德》的拉比们非常重视我们的用餐方式。他们裁定，在公共场合吃饭的人没有资格在法庭上作证，因为这样的人并不害怕公众的奚落，但正是这种恐惧感的存在，才让我们自然而然不会做伪证。《塔木德》说，在街上吃饭的人就像一条狗。这里强调的重点是尊严和自尊。如果将这些教义应用到我们的家庭中，那就要问问：如果开着电视，如果试图在餐桌旁处理家务，如果我们争论不休或保持沉默，那我们有可能吃上一顿真正像样的饭吗？

《塔木德》建议人们应缓慢进食，充分咀嚼食物。16世纪的《犹太法典》指出，当孩子们感到紧张或不安时，不适合让他们吃饭。一位法国女大学生告诉我，她的美国朋友对她吃比萨的样子感到恼火。他们说："你不应该细嚼慢咽，这太浪费时间了。你应该大块朵颐。"

为了促进消化、激发感恩之心并增加与家人共同进餐的乐趣，请审视自己和孩子是否会经常站着吃东西，或者从包装袋里拿出来后直接食用。请尽量开始坐下来用餐，看看将餐桌布置成圣坛以后会有什么变化。

请记住不是谁都能吃饱

食物是生存的必需品。大多数孩子初次知道别人正在承受贫穷和饥饿时，都会迫不及待地想要消除这个问题。他们会问："为什么那个男人不能住到我们家里来？我们有多余的床，他可以洗澡，这样他就不会脏兮兮了。"

犹太教的食物救济组织建议我们，将3%的花费捐献出来。我们家会在安息日晚餐前将钱放进慈善箱中，捐赠金额至少不低于我们晚餐每人的开销标准。你也可以考虑将饮食和给予联系起来，想想哪种慈善事业最吸引孩子。

第 7 章　食物之福：建立餐桌上的饮食法则

将感恩祷告视为净化心灵的工具

拉比们想办法来克制我们天然的嗜食倾向，并提醒我们要感恩：每次饮食前都先做感恩祷告。这让我们可以审视自己的饮食。

首先你要停下来，想想你要说的祷告词。在传统上，要为即将吃下的具体食品（面包、葡萄酒、丰盛的餐点）感恩祷告，并按照恰当的顺序进行（祈祷时，可以用面包和主食指代其他食品）。当你审视自己所吃的食物时，你的内心会变得更清醒。如果你能记住这些祷告词，那就是给食品本身赋予了意义。你要说出食物的名称，恰当地辨认出每样食物。如果你怀着歉疚和怒气用餐，或者仓促地进食，就是在滥用祝福。

运用犹太传统克服普遍的就餐冲突

亲子之间的饮食斗争往往发生得很早。部分父母在孩子 8 岁前都会督促他们多吃饭，但在孩子 8 岁到 16 岁期间却督促他们不要吃太多。许多家庭的就餐时间就像在无穷无尽上演的紧张的肥皂剧，每间隔四五个小时就会演出一次。仅仅鼓吹仪式感固然不能解决所有问题，但我运用的犹太原则已经帮助许多家庭解决了某些最常见的就餐冲突：挑食、拒绝吃饭、吃快餐、缺餐少食以及家人之间相互埋怨、不懂感恩。

放下孩子
The Blessing of a Skinned Knee

挑食问题

还记得玛妮吗？她的父母强迫她每顿都吃相同的食物，直到吃完为止。后来为了儿子阿希尔，她来找我咨询。阿希尔年纪很小，而且极其挑食。玛妮告诉我："他就像桧叶螅①一样瘦弱。"

他几乎不吃东西，而他愿意吃的寥寥几样东西都必须是白色的：意大利面、面包、蒙特利杰克起司、奶油奶酪、麦乳、脆米花、去皮黄瓜、去皮苹果以及牛奶。他也不喜欢将食物混装在盘子里，而且不肯吃添加了多种原料的食物，例如鸡肉汤或添加了香蕉的麦片粥。他在进食之前会先闻食物的味道。这非常奇怪，他的整体情况越来越糟。

"儿科医生担忧阿希尔的健康吗？"我问。

"不，她说阿希尔正在发育，而且他的健康状况也良好。但我很担心。"

玛妮会哄阿希尔吃各种食品，恳求他"每样都尝尝"，或者用点心来奖励他。如果他拒绝吃其他家人都吃的饭菜，她会因为担心而急匆匆地为他准备白色的食品。这种模式导致阿希尔坚持认为自己的胃口

---

① 一种海洋生物，形状酷似蕨类，此处形容孩子长得非常瘦弱。

第7章 食物之福：建立餐桌上的饮食法则

很特殊，却让玛妮感到沮丧和疲惫不堪。

玛妮竭尽全力地照顾阿希尔，避免让他遭受她童年所受的伤害。但是她的良苦用心却无济于事，阿希尔只是在利用她的善良。我遇到过很多像阿希尔这样的小孩：他们容忍不了各种食物，诸如肉、鱼、蔬菜或鸡蛋；有个女孩抗议吃别的食物，她只吃香蕉；有个小孩除了冷冻华夫饼外，不吃任何早餐。我还遇到过很多像玛妮这样的妈妈：希望孩子们不再经历她们童年所经历的饮食烦恼，但最终却屈从于孩子们的饮食要求。孩子们自然而然地会寻找机会按自己的意愿行事，要是能够不吃蔬菜或只吃白色的食物，他们就称心如意了。

其实无须强迫和羞辱孩子，你就能够帮助他们合理进食，培养他们自律的习惯。只要你能坚定不移地处理他们的饮食问题。如果你不坚持自己的标准，他们就会按自己的标准来行事。玛妮意识到，在这种情况下，阿希尔极大地控制了她。为了改变这个境况，她需要提醒自己，儿子的食品选择并不是衡量他是否健康的标准。如果医生表示阿希尔的身体状况是健康的，玛妮大可放心，并适当改变某些用餐规矩。

犹太教教导我们：餐桌让家人们相聚在一起去感激生活并享受彼此的陪伴。如果玛妮紧张兮兮地监管阿希尔吃下的每一口食物，允许他的饮食习惯破坏家人吃饭的兴致，那么，她就没有为大家营造出愉快的就餐环境。我建议玛妮与其担心阿希尔拒绝食物，不如换个角度想：为有机会跟家人用餐而感到荣幸。"那就随他吧，"我建议她，"不要再诱惑或说服他，不要将他和其他家人区别对待。"

我告诉玛妮，无论阿希尔长到多大，当你问他"难道你不想吃这块美味的鸡肉吗？"这个问题，他都不会回答："我刚想到了，妈妈，我会吃的，我以前不知道这鸡肉有多美味，也不知道你花了多少工夫才将它买回来，腌制成棕色、炖熟和装盘。"

接着，我建议玛妮只需问这一句："你想要些……吗？"她应该要求阿希尔只回答两三个字："是，请给我"或"不，谢谢"。她最好将食物装盘放在餐桌上，让阿希尔想吃多少就自己动手取多少。

我告诉玛妮一视同仁即可。这异常困难，却是维持权力均衡的关键所在。"不要让你的苦恼影响到他。如果你认为有需要，可以和你的丈夫或者朋友预先排练。但是，不要将你的不安情绪传递给别人。"

玛妮必须让阿希尔明白：如果他不吃这顿饭，那么在下一顿饭之前她不会给他提供任何食物。即使他挨饿、感到后悔，她也不会心软。因为除此之外，孩子没有其他渠道来理解就餐的意义。"不要将阿希尔拒绝吃饭这件事误以为他是在拒绝你，"我说，"请保持镇定、轻松、坚定和客观的态度。"

"那甜点呢？"玛妮问，"我应该用甜点来奖励他吃饭吗？"

是否要用甜点来奖励孩子呢？这个问题让许多父母感到困惑不已。我们可以看看以下三种情况。

第一种场景：阿希尔显然不饿，或者不愿吃餐桌上的食物，而你也不想他为吃甜点而勉强自己吃正餐。这时，你要说："我发现你不饿。明天的晚餐你有什么想吃的吗？"然后到此为止。即便其他家人此时正在吃甜点，也不要拿给他吃。

第二种情况：阿希尔在试探自己的权力界限。他怀着不屑的态度拒绝吃餐桌上的健康食品，想看看自己是否有权决定不吃那些食品——

这就是考验你们彼此意志的时候了。在这种情况下，父母既不必强迫他吃饭，也不应给他甜点吃。

第三种情况：如果阿希尔拒绝正餐是因为主食不如冰激凌美味，这时你可以鼓励他稍做改变，多尝尝其他食品，或者多少吃点饭菜以表明他愿意听从父母的安排。接着，将晚餐上他最喜欢的甜品奖励给他。这是一桩不错的交易，你奖励了一位优秀的客户。

会谈结束时，我建议玛妮以及所有与孩子进行饮食斗争的父母采取下述做法：点几根蜡烛，如果愿意还可以喝点酒，放松身心，好好地进餐；全心全意地做自己的饭前祷告，并请孩子也照做，他可能会慢慢明白这样做的含义。

拒绝进食

即使是热衷于美食的人也会对某些食物嗤之以鼻。我在前文提到过，必须为孩子树立良好的榜样：在餐桌旁吃饭时，不要心不在焉、争论不休或匆匆忙忙。此外，如果你要求他们吃各种食物，你自己要先以身作则。如果你自己都不能自律，那就不要要求他们去做，例如完全戒糖、每晚吃西兰花或菠菜，或者一滴不漏地喝完大杯牛奶。如果我们太专注于每顿饭的营养成分，就会错过饮食的乐趣。

犹太法典明文禁止"摄入我们厌恶的任何食物或饮品"。强迫孩子吃他们不喜欢的食物，只会导致他们的不满，让他们更加讨厌这些食物。但同时，也要阻止孩子没完没了地埋怨某些食物有多么恶心，因为这表明孩子对上帝的赐予缺乏感恩之心。如果孩子们确信我们不会强迫他们吃任何不想吃的东西,他们就无须大吵大闹,声称它很恶心以便证实自己的观点。他们只需要表达自己不想吃就够了。

吃零食太多,吃正餐太少

斯科特和乔伊斯向我抱怨,他们8岁的女儿达科塔拒绝吃正餐。我将他们三人提供的详细信息整理以后,汇总如下。

达科塔拒绝在指定的时间就寝和按时起床。在早上,她睡眼惺忪地起来,然后匆匆忙忙穿衣上学,除了吃几口格兰诺拉燕麦棒和啜几口果汁以外,她什么都不想吃。而且,她通常会在自己卧室或站在厨房橱柜旁吃这些东西。到了上午的点心时间,达科塔就已经感到很饿了。她经常用火鸡三明治换取好友的比萨午餐或其他食品,并将午餐包里的所有东西吃得干干净净,包括士力架、饮料以及薯条。乔伊斯完全不知道达科塔没有吃三明治,因为达科塔回家时她的午餐盒是空的。

午餐时间,学校食堂熙熙攘攘,这样的环境不适合进餐。这时,达科塔也已经吃饱了,没有饥饿感。有时,她也会吃乔伊斯给她装的桃子或草莓作为点心。下午5:45,达科塔从课后托管班回到家时已经饥肠辘辘,身体急需补充卡路里及大量食物,因此她常常会喝光牛奶,吃掉家里的饼干和剩余的比萨。乔伊斯以为达科塔将午餐的火鸡三明治吃掉了,所以哪怕她只吃零食,乔伊斯也以为她已经营养充足。

他们家的情况与许多家庭如出一辙:孩子们匆匆忙忙地吃下几口早餐,然后谁也不知道他们会在学校吃什么。如果达科塔家在6:00或

第 7 章 食物之福：建立餐桌上的饮食法则

6:30 就享用晚餐，那么，她可能有机会摆脱这个糟糕的饮食习惯。但是，就像很多上班的父母那样，斯科特和乔伊斯要到 7:00 或 7:30 才能准备好晚餐。达科塔无法忍受长时间挨饿，所以她放学回家后就会先吃很多零食。到晚餐时间她已经不饿了，但到晚上 8:00 饥饿感会再次袭来。于是，大晚上用点心填饱了肚子，第二天早上她又不饿了。就这样，坏习惯周而复始，恶性循环。

斯科特家将整个就餐时间做了精心规划，但这个时间并不合理。如果我们尊重犹太准则，即"必须坐在餐桌旁吃饭"，那么早餐时分就不应该让达科塔匆匆忙忙地吃根燕麦棒就走。为了让达科塔在早上有食欲，我建议她的父母不要让她太晚吃零食。将肚子填饱后再去上学，她就不会在点心时间狼吞虎咽地吃午餐，也不会在放学回到家时感到非常饥饿。

父母几乎干涉不了孩子在学校吃些什么食品，不过乔伊斯还是采取了有用的措施。她打电话给老师，询问有关交换食物的规定，原来学校禁止二年级学生交换食品，老师也保证会留意达科塔以及提醒她遵守规定。

最后是晚餐时间。听说孩子要 7:30 或更晚才能吃晚餐的大量事实后，我开始劝阻父母们不要每晚都坚持家庭聚餐。尽管研究表明，家庭晚餐跟获得国家优秀学生奖有正相关性，但太晚吃饭不适合孩子的自然生理节奏。在孩子提前吃完晚餐（不是在电视机前面或者书桌旁，而是在餐桌旁）以后，他们可以在父母随后吃晚餐时坐到餐桌旁，和父母聊天，交流当天发生的事情。每周的安息日晚宴更应该被安排得很悠闲、很独特，并充满喜庆氛围。

对很多家庭来说，分为两轮吃饭不切实际，因为家中没有成人可以先为孩子做晚饭。面对这种情况，家长可以考虑周末先将晚餐预备好，让孩子帮忙烹饪；或者多做些鸡肉、面食之类的简餐，然后让孩子们在随后的几天里自己加热后食用。

厨师充满怨气，家人不懂感恩

为家人做饭显然是爱的奉献。作家汤姆和理疗医生波莉结婚，波莉平日都是很晚才下班。汤姆5:30回家，为全家人做晚餐。晚餐准备好后，如果孩子们没有马上就餐，或者波莉迟迟没有回家，他就会变得不耐烦。他希望家人在饭菜"尚未变凉"之前就餐，并感谢他的付出。虽然他否认自己有不被认可的感受，但如果孩子们和波莉在晚餐时吃得不尽兴或者没有称赞他，他就会不高兴。

当汤姆诉说他的不满时，我想到了庆祝和圣洁原则。一番刨根问底后，我了解到他最不满的是自己独自在厨房准备晚饭，而其他家人却各忙各的事情。"我像是他们雇佣的帮手，"他说，"我们坐下来吃饭的时间总共不到10分钟，我为何要这样煞费苦心呢？因为必须要有人做饭，而我实际上很喜欢做饭。我只是希望他们稍稍多点感恩之心。"很多备餐的父母都会这样向我抱怨。他们花费45分钟用心准备饭菜，家人却像一群鬣狗那样狼吞虎咽，在仓促地离开餐桌时，他们或许才会含糊不清地说声："谢谢！"

庆祝和圣洁原则要求我们花时间感激厨师的付出和用心。最好是让每个家庭成员都帮忙做饭，即使只是在用餐前15分钟才帮点忙。孩

第 7 章 食物之福：建立餐桌上的饮食法则

子可以布置餐桌，不掌勺的那位家长负责倒饮料并打理好就餐前的所有细枝末节。每个人都坐下来后，家人们可以说感恩祷告，包括感谢厨师。这看似细微的变化有助于我们每个人留意已有的恩典，并意识到我们是一家人，不是碰巧同桌吃饭的陌生人。

洁食：犹太教的饮食法则

你应该在家中遵守饮食法则吗？大多数的宗教信仰（穆斯林、天主教、印度教）都制定了清净进食的规则。许多犹太教徒发现，遵守犹太教的饮食规则能够实用而有效地强化他们的犹太人身份。这些规则采取最简单的方式，禁止我们在吃饭时将牛奶和肉食混合起来，要求我们不吃猪肉和贝类，并且只能吃采用人道主义方式宰杀的畜类。

这些规则有助于净化心灵。我们将肉和牛奶分开，以便更好地觉察我们所吃的食物并练习自律。在每次就餐时，我们会监督自己选择什么样的食物，以便提醒自己对上帝以及对信仰的承诺。将洁食原则和感恩祷告的原则联系起来以后（例如，针对面包的祷告词不同于针对蛋糕的祷告词），我们就很难漫不经心地进食了。敏锐的拉比们选择了进食这种紧迫而令人愉快的本能，并利用它教给我们圣洁之道。他们还针对屠宰以及吃肉制定了特殊规定，以便我们意识到杀生的意义。

数千年以来，著名的拉比和犹太哲学家们都在争论洁食原则背后的健康及道德价值。大多数的现代思想家都认同一位中世纪学者的说法，即"饮食规则并不是像某些人所认为的那样，出于对身心健康的考虑。断非如此！否则的话，《摩西五经》将沦为无关紧要的医学专著，甚至更糟……上帝关心的是：这个人在杀死动物时是在其喉咙还是后颈动刀的？（洁食的）目的纯粹是为了净化人性。"

对于并非在遵守洁食之道的家庭中长大的人来说，大多数都会选择分阶段遵守"诫命"。最初践行犹太生活方式时，我们不再吃猪肉和贝类。接着，我们在家里不再将牛奶和肉混合起来吃。其他家庭则避免去非犹太餐厅或其他人（非犹太人）的住所，以免吃到不洁净的食物。但是，许多父母发现，即便不针对饮食提出更多要求，要保持文明进餐和孩子营养充足就已经是相当困难的事情了。无论你是否遵守饮食规则，它们都意义深远。要做到怀着感恩之心清醒地用餐，就需要关注饮食的方方面面，包括我们选择吃什么食物以及如何吃。

日常的奇迹

食物是神圣的礼物。我们进食以保持身体健康，并增加生活的乐趣。提醒自己和孩子是谁在提供食物（上帝）、进食的目是什么的（补充体力以便我们服务他人），以及我们对食物应有的态度（既要自律又要充分享受），这样，你才会得到有效的方法来消除家里众多的餐桌拉锯战。

在这个过程中，适度、庆祝和圣洁原则是宝贵的基石。如果你学

第 7 章 食物之福：建立餐桌上的饮食法则

习践行适度原则，你就可以兴致勃勃而不是执着或恐惧地进食；如果你践行庆祝原则——庆祝上帝给予的各种食物，你就可以摆脱过多的愧疚感，并教育孩子既要自律也要欣然接受。最后，如果大家都坐下来并说出感恩祷告，从而将食物变得神圣，那么就餐时间便会真正回到正轨，你也才能借此感恩你的好运和上帝的恩典。

给孩子充足的《心理营养》
让孩子的生命尽情绽放！
扫码免费听，20分钟获得该书精华内容。

第 8 章

自律之福：
引导孩子的"恶的冲动"

孩子身上独特的"恶的冲动"也隐藏着他的卓越之处。
父母的职责是通过建设性而非破坏性的方式，
引导孩子们身上"恶的冲动"。

听众的热烈回应是公开演讲者所获得的奖赏。正是出于这个原因，我热衷于演讲"父母和孩子各自的权限：明智的父母如何划清界限"，以便阐释犹太教如何教导孩子们学会纪律和自制。这些讲座通常座无虚席，家长们很快就会挤满演讲厅，他们往往流露出疲劳而紧张的神色，同时满怀黔驴技穷的沮丧感。我很清楚，这将是一个非常热闹的晚上。

为了活跃气氛，我首先这样询问听众："想想孩子最糟糕的性格，让你非常烦扰的小习惯和态度，或者是家长会上老师不断重复的不大不小的问题，又或者是让你在凌晨三点醒来、感到不寒而栗的大问题：你的孩子长大了，独自居住在西好莱坞的公寓里，密谋要在邮局犯下枪击案。请这样想过的家长点点头。"

5秒钟里，每个家长都在使劲地点头。

"很好，你们现在比刚才进步了，因为你们知道了孩子最大的优点。它隐藏在孩子最坏的品质背后，伺机大显身手。"

当然，我是在谈"恶的冲动"，但它也是激情和创造力的源泉。它蕴藏着我们的好奇心、志向以及能力，就像面团中的酵母。犹太智慧

第 8 章 自律之福：引导孩子的"恶的冲动"

教育我们，孩子身上独特的"恶的冲动"也隐藏着他的卓越之处。父母的职责相当明确（即使这并非省心的事情），就是：我们要辨别出这些特质并除去"盲人面前的绊脚石"，通过建设性而非破坏性的方式来引导孩子们身上"恶的冲动"。

无论如何，某些行为是不能被接受的：如果孩子再三纵火或折磨动物，每个人都应感到担心。但是，许多行为问题却处于广阔的灰色地带，在这个灰色地带里，每个家长都有各自的愤怒、担忧或警觉的判断标准。7岁的米兰达睡眠质量不好，如果她做噩梦了，父母可能会随时欢迎她来自己的卧室睡觉，然而其他家庭可能会认为，孩子在夜间闯入父母的卧室是冒昧和不妥的。上幼儿园的威尔撒了个小谎："我没有打破它，它自己碎了。"他的父母可能会认为，这不过是这个年龄的儿童试图摆脱惩罚，因此无关痛痒。而在别的家庭中，这个"谎言"却被视为严重的道德违规行为。在不同的家庭中，同样的行为可能会被视为果敢或粗鲁、敏感或怯弱、可爱或不负责任。但是，有些行为在所有家庭中都是不可容忍的。因此，每位父母都需要教育子女学会文明有礼。

拉比们教导说，孩子们天生并不懂举止文明。英国儿科医生和心理分析师唐纳德·温尼科特也持相同的见解。正常的孩子不是"好"孩子，他写道：

> 正常的孩子是怎样的呢？他仅仅吃饭、成长、甜蜜地微笑吗？不，他不是这样的。正常的孩子如果得到父母的信任会有恃无恐。随着时间的流逝，他会试探自己的力量，做出

一些干扰、破坏、制造恐慌、消耗、浪费、纠缠和侵吞的行为。凡是将人们送上法庭（或收容所）的举动，都会在其婴幼儿期与家人的相处中显露出端倪。

因此，孩子在很多时候都是"坏"孩子。父母面临的难题是教会孩子如何控制"恶的冲动"，并将它转化为优点。"帮助孩子引导自身的'恶的冲动'"并不完全是管教的委婉说法。事实上，这不仅意味着要执行成套规则，还意味着要接受孩子的气质、尊重孩子的缺陷并巩固他的优势。

为了弄明白如何改进孩子的行为并引导他的"恶的冲动"，你首先需要回答两个问题：孩子的行为正常吗？如果当真有异常行为，那么哪些异常行为体现了父母自身不恰当的态度和期望呢？

孩子身上常见的毛病

家长们来找我时往往对孩子的表现感到忧心忡忡，我首先会评估该问题是否超出了正常的行为不端或不快乐的范畴。多年以前，我还是洛杉矶锡安山医学中心精神病科的心理学实习生时就已经认识到，"正常"涵盖的范围非常广。

我在医院的职责是为正在接受疗效评估的孩子进行心理测验，工作的第一个月，我测试了某个7岁的孩子，她的母亲带她来这里，看她是否患有读写障碍症。看了女孩的墨迹测验结果后，我冲进了主管

第8章 自律之福：引导孩子的"恶的冲动"

办公室。因为在例行检查的过程中，我发现她处境堪忧，这个测试结果几乎完全符合新手医生的想象。

"看！"我说，向主管挥舞着测验报告。"她看到了压扁的蝙蝠、鲜血！还有这些画！它们显得死气沉沉。她还画了鬼屋。她跟我谈论死亡和上帝，说她经常感到悲伤和孤独！我们应该立即安排她住院吗？"

我的主管仔细检查了整个测试过程，询问了我和这个孩子以及其家人谈论过的某些问题。"我觉得她完全正常，"他最后总结道，"可能有阅读障碍，但总体来说，将7岁的孩子诊断为读写障碍症还为时过早。你现在无须做任何事情，但要让她的妈妈与我们保持联系。还有，你读读这本书。"

他将露易丝·贝茨·艾姆斯、卡罗尔·蔡斯·哈伯和弗兰西斯·伊尔克的著作《你的7岁孩子：保守退却的二年级》递给我。正是那天我了解到，正常7岁孩子的心态和思想往往很极端，内心会秘密上演黑暗的戏剧，他们的墨迹测验结果可能非常酷似临床上患有抑郁症并有自杀倾向的成人。

在过去六十年中，露易丝·贝茨·艾姆斯和弗兰西斯·伊尔克在纽黑文格塞尔人类发展研究所从事卓越的研究工作，并据此撰写了系列育儿丛书，《你的7岁孩子》便是其中的一部。在书店的书架上，这套丛书看上去类似其他普通的育儿书籍，《你的1岁孩子》《你的2岁孩子》……然后直到14岁的孩子。但翻开书后你会发现，它明智并可信地描述了儿童自然发展的阶段，字里行间无不展现着作者对孩子的喜爱以及高度尊重。如果父母知道孩子成长的每个阶段会发生什么事情，那么在面

放下孩子
The Blessing of a Skinned Knee

对突然变得执拗而暴躁的6岁孩子或阴郁而孤僻的7岁孩子时，父母就会觉得心安。多年以来，我都在向那些寻求指点的父母推荐这些书。偶尔，我也让孩子们阅读书上的部分章节。孩子们通常会说："这本书的作者就像认识我似的！"这些书还描述了各种各样的"正常"情况，如果你孩子的问题与这些描述不符，你可能就需要担心了。

详细地描述完孩子的问题行为以后，我会更深入地和父母交谈。我问他们，在孩子的生活中，是否有其他人也展现出了这类行为或态度。孩子很难交朋友吗？他失去了朋友吗？老师会抱怨他吗？父母双方都为此感到担忧吗？

根据我的经验，父亲往往会低估孩子们的问题，他会说："我在那个年龄时，也是这样的。"这种长远观点有时候是正确的，但有时却会导致爸爸们忽视真正的问题。母亲通常不会低估孩子的问题，但她们的观点也可能存在偏颇之处：由于孩子常常将自己最坏的那面展现给母亲，因此母亲可能会夸大孩子性格或心态中实际存在的问题。如果父母双方都很担心，那孩子就极有可能真正存在问题。如果父母和老师都很担心，并且孩子在人际交往和学业成绩上都受到影响，我通常会认为，这已不是"正常"范围内的问题。这类家庭应当接受咨询。但当某些时候，孩子的问题完全是正常的，父母就得审视自己的期望、态度和不当行为了。我们可以读读下面这首《这就是诗》（节选）：

> 你的父母，就是他们让你如此糟糕，
> 这也许不是其本意，可事实如此。
> 他们不仅把自己全部的缺点遗传给你，

第8章　自律之福：引导孩子的"恶的冲动"

还苦心孤诣地为你增加了不少。

——菲利普·拉金（Philip Larkin）[①]

是否正如菲利普·拉金暗示的那样，你会不可避免地伤害你的孩子？是的，在某种程度上是这样的。每一代父母都会犯下一整套新的错误。虽然我们不必对孩子的许多特质负责（例如那些先天特质，或受学校、同龄人、媒体和文化价值观的影响而形成的特质），但是研究证实，父母会大大影响孩子的性格。父母对孩子的影响通常超过所有其他环境的影响，因此孩子的问题可能至少在部分程度上反映了父母的不当行为（*mishegas*）——这个绝妙的意第绪语单词原本意味着非医学意义上的"疯狂"，用来泛指父母身上不利于孩子成长的种种负面表现。

哪些初衷良好却效果不佳的育儿方式最为常见呢？以下是几个常见的类型：号称"我们都是平等的"的父母，因为孩子不愿意遵守合乎情理的规则而感到沮丧；"活跃"的父母，因为孩子想要待在家中或无所事事而感到困惑；焦虑的父母，不断地提醒孩子留意各种危险却因为孩子的胆小而感到烦恼；积极进取的父母，因孩子缺乏志向而感到恼火。在某些不幸福的家庭中，父母内心充满难言的怨恨，却不明白为什么孩子显得闷闷不乐。最后，那些嘴上挂着"我，我，我"的父母，将孩子视为个人成就却疏于引导和监督他们。

幸运的是，如果你愿意坦承自己的不当行为，就可以减少损失。

[①] 英国诗人，著有诗集《北方船》《少受欺骗者》《降灵节婚礼》和《高窗》。此处引用诗篇，经版权所有方许可转载。

就像大多数人那样，在为人父母之前，你无须为自己特有的"疯狂"而付出代价。在只有成年人的世界里，其他成年人可能会容忍你的完美主义、喜怒无常、懒惰、不耐烦或获得认可的欲望，你可能也已经擅于为自己和他人的这些不良特质辩解。可是，对于孩子来说，辩解毫无意义。他们不会同情你，只会让你立即自食其果。你是胆小鬼吗？如果你不坚强些，孩子将会轻蔑你。你的心情不好吗？孩子的心情会更差。你很得意吗？你每次将孩子带到公共场合，他们都会考验你的谦卑。当你成为父母时，你的性格特征会让你自作自受，这将体现在孩子的行为上。

父母通常看不见自身的不当行为，但局外人却能洞若观火。我记得在一节育儿课上，一位父亲站起来谈论他的妻子和10岁的儿子杰罗姆之间的问题：

> 杰罗姆是个非常聪明的家伙。昨天，他从母亲的钱包里拿走十美元，独自去吃麦当劳。贝丝进入他的房间质问他时，他正在浏览色情网站。大多数时候，他告诉贝丝他没有家庭作业，但是，贝丝拨打作业热线时，却发现每个科目都布置了作业！在家里，如果贝丝正在看电视新闻，他会拿走遥控器并切换频道。如果她质问这类事情，他就会开玩笑。所以大致来说，他会偷窃、说谎、作弊，而且对妈妈无礼。

你注意到了吗？尽管这显然是贝丝与杰罗姆之间的大问题，然而发言的却是诺埃尔。也许你很好奇贝丝那天晚上是否在场。我也好奇，

第8章 自律之福：引导孩子的"恶的冲动"

所以我问他。

"坐在你身边的是贝丝吗？"

"是的，是她。"诺埃尔说。

我发现，长期遭受痛苦、烦扰、欺骗、被盗并饱受各种折磨的贝丝脸上挂着苦笑，眼睛闪着光。与这对夫妻进行私人会谈后，我了解了背后的原因。原来贝丝在充满欢声笑语的家庭中长大，家里很少产生公开的冲突或分歧。无论在少女时代还是成人以后，贝丝都非常在乎别人对自己的看法，她希望自己和蔼可亲，也不喜欢制造纠纷。当我继续深究时，我得知贝丝对她的上司有诸多不满，对诺埃尔也是，因为他们会利用她愿意屈就别人的心态。

贝丝的不当行为（她的温顺）又怎样影响着儿子的行为呢？她渴望得到所有人的喜爱，因而她会控制自己不对别人生气。这种自我压抑导致了"踢猫效应"[1]。只有杰罗姆的地位比她更低，因此她可以无所顾忌地将沮丧之情倾泻到杰罗姆的身上。此外，贝丝的心中还蛰伏着一个"智者"：那个无人能够看到的艾米·舒默[2]。于是，她让杰罗姆上场，从他的粗鲁和野蛮行为中获得某种替代性的满足，即使他的行为是针对她的。贝丝眼神中的光芒在不知不觉地鼓励着杰罗姆的不良行为，对此，她的儿子和我看得同样清楚。

你不妨审视自己，看看自己的不当行为可能会怎样影响孩子的行为。你是否希望孩子做你自己不会做的事情：不吃糖，放学后马上去做

---

[1] 指对弱于自己或者等级低于自己的对象发泄不满情绪而产生的连锁反应。
[2] 美国女演员、独角喜剧演员、编剧、监制和导演。

功课，和你不愿相处的朋友交往，或是还没累就去睡觉？为什么你会产生那些不切实际的期望呢？请收集一下资料吧。你会小题大做吗？会忽略重大问题吗？会始终陷入同样的困境中吗？会顽固不化地坚持无效的策略吗？请询问一下你的朋友、孩子同学的父母以及孩子的老师吧。如果你觉得需要专业意见，请咨询治疗师。总之，在向孩子施加压力之前，请先确定你对现状的看法是否严重有误。要想改进孩子的行为，最有效的方法莫过于首先改变自己。

将孩子最糟糕的行为视为最大的优势

如果你已经坦然面对自己的"疯狂"，并已判断出孩子的"不良行为"是否正常，那么，你就可以面对他身上"恶的冲动"了。黛博拉是三个女孩的母亲，她在育儿班上这样描述她4岁的女儿露西：

> 她特别专横。我们都称呼她为"芭蕾舞大师"。在与妹妹以及妹妹的朋友们相处时，她总是想对她们每个举动指指点点——"这是个特别高雅的茶话会！你必须盘腿坐下，双手放在膝盖上！不许大声说话！"如果她看到姐姐看电视，就会问姐姐是否已经完成家庭作业。
> 露西的幼儿园老师说，露西自己不画画，但是喜欢在教室里走来走去，提醒其他孩子穿上罩衣，不要将各种颜色弄混，等等。她不断地做出安排并解决问题。上周，我们去了图书馆，露

第8章 自律之福：引导孩子的"恶的冲动"

西是要我给她念书吗？当然不是。相反，她找了辆手推车，车上装有成堆需要重新整理的书籍。然后露西便开始工作，将书脊整齐地朝外摆放，整理所有书籍。

显然，露西不是害羞且顺从的孩子。只要她学会恰当地驾驭自身的领导才能和组织天分，这些技能会成为非常宝贵的财富，让她受益终身。但是，在母亲的语气中，我感觉到她对露西的举动怀着无可奈何的心情，并克制着她的反感。露西的强势让父母感到尴尬，这种尴尬导致他们无法看到女儿性格的闪光点。我建议他们尝试重构对露西的看法。"重构"是心理治疗师使用的术语，它意味着重新思考你对事件的解释，通常还会推翻你现有的观点。

"不要觉得露西的行为很专横霸道，而要将这视为她在表现自己的领导才能，"我建议道，"她不爱管闲事，非常善于观察。事实上，她喜欢在图书馆整理书籍，这完全是性格中的优点。不妨想想，她在如何运用这些技能确保她的卧室保持整洁，更不用说房子的其他角落。"

父母往往希望从孩子身上看到互相矛盾的性格特质，温顺而又勇敢，同时伴随着非凡的智力、创造力或明显的魄力。但是，非凡的才华来自孩子"恶的冲动"，即孩子性格中桀骜不驯的"蠢人"特征。你必须学会认识到，孩子身上这些强烈的、往往令人讨厌的特质同时也蕴藏着他的伟大之处。

试着这样想：

- 倔强或喜欢嘀咕的孩子往往也很有恒心。
- 喜欢抱怨的孩子往往很有洞察力。
- 暴饮暴食的孩子往往很强壮。
- 好辩的孩子往往坦白直率。
- 吵闹的孩子往往很活跃。
- 害羞的孩子往往谦虚谨慎。
- 鲁莽、喜欢惹是生非、不守规矩的孩子往往很勇敢、热爱冒险。
- 专横的孩子往往具备领导魄力且充满自信。
- 挑剔、紧张、执着的孩子往往很认真、注重细节。

现在请你扪心自问,孩子是否有足够的机会通过良性方式来展示他的天然特性。这对父母而言意味着双重的挑战:首先,你必须确保你不会诱使孩子将事情搞砸;还有,在帮助孩子清除掉障碍以后,你必须给他安排任务,让他充分利用"恶的冲动"。

清除绊脚石

如果你在某些特定时刻(准备上学、进餐时间、家庭作业、就寝时间)和孩子闹得很僵,那么,你很有可能无意中在他面前放了块绊脚石。你可以找出孩子不良行为背后的规律并考虑调整策略,但不要因为他的行为达不到你的期望而反复惩罚他。为了减少孩子的不当行

第 8 章　自律之福：引导孩子的"恶的冲动"

为，请扪心自问：

- 问题是出现在孩子饥饿、疲倦或受到过度刺激的时候吗？或者是出现在我饥饿、疲倦或受到过度刺激的时候？
- 他的功课太难了吗？太容易了吗？
- 孩子有足够好玩的事情可以做吗？关于兄弟姐妹不和的最新研究表明，产生不和的根本原因不是希望得到父母关注，而是感到无聊。
- 我的孩子感到透不过气吗？如果孩子们一整天到处都能接触到其他人，他们就会丧失自我空间。所有孩子都需要留些时间给自己，这样他们才能放松下来。
- 孩子在学校有足够的课间休息时间吗？他除了上学、做作业和睡觉以外，有时间玩耍吗？
- 孩子睡眠不足吗？
- 孩子会因用眼过度而头痛吗？
- 孩子是否接受过听力检查？

总的来说，父母需要注意孩子身上一些常见的"崩溃"情形：在杂货店购物时饥肠辘辘；从托儿所回家的路上感到疲倦；你想让孩子们将水果当作甜点吃，但是橱柜里却放着零食；孩子参加生日派对时，熙熙攘攘的人群让他感到异常兴奋；家里正在播放电视购物节目，女儿央求你买小背心和厚底靴，你却不答应。

放下孩子
The Blessing of a Skinned Knee

预防性的小破坏

每个孩子都有粗野的特质。即使你帮他们将每块绊脚石移走,但让他们能不时挣脱束缚,也是公平的。圣人阿巴耶伊生来就是孤儿,由护士抚养成人,他称这个护士为"艾姆"(即母亲)。阿巴耶伊说:"艾姆告诉我,将孩子抚养成人只需要热水(用来洗澡)和油(用来涂抹)。孩子长大点以后,要允许他将东西摔坏。"当阿巴耶伊自己有了孩子以后,他买来有缺口的廉价盘子供孩子们打碎。这位睿智的父亲明白,所有的孩子都有权利偶尔制造脏乱、无序、无益的局面。

孩子有足够的时间来调皮捣蛋吗?他会吵闹,会惹麻烦,会摔坏东西吗?不妨安排些无伤大雅的活动:将孩子带到后院,告诉他们可以玩浇水管,随后转身离开,让他们尽兴玩耍,衣服弄得多湿多脏都不要紧;夏末时,让他们把菜园里剩下的菜拔掉,然后将这些植物撕成碎片;指导他们将罐子扔进回收箱中;如果某个下雨天,久居城市的孩子厌倦了精巧的手工课,就允许他们烤烤"蛋糕",随意使用厨房里的调料调制口味独特的饮品,或是买一袋派对冰块扔到浴缸里;或者,带他们到公园里玩泥巴。两个5岁的孩子到楼上的卧室去了,他们在房里却出奇的安静?不要为了确认他们是否向对方显示自己的生殖器或在听含有性暗示的音乐专辑而立刻冲进去,即使孩子们稍稍有些淘气,也要给他们少许的隐私空间。你10岁的孩子在晚上学习时分心听音乐,或者在本该准备考试的时候和邻家孩子即兴外出?这次就随他吧。他不会因此在小学就辍学或坐牢。你是家长,不是警察或者

第8章　自律之福：引导孩子的"恶的冲动"

卧底特工，要认识到所有这些不当行为都起到了防护作用。不妨把这些看成是预防性的小破坏——小地震可以释放地壳压力，并防止日后发生大地震。

表达方式很重要

你叫孩子帮忙（布置餐桌、清洁阳台上的家具、照看弟妹）的时候，他会将你的要求当作大好的机会还是恼人的负担？这通常取决于你的语气和态度。某次，我陪伴二年级的学生到科学博物馆实地考察时，见识了高超的请求技巧。

当时，那个公交司机大约25岁左右。她外貌靓丽，用红色发夹编了40条小辫子，穿着红色亮面棒球装和红黑方格的裤子。当她转向孩子们时，我原本以为这个公交司机会像通常那样，沮丧地给孩子们讲述安全规则，但她却说出了下面这些话：

"我需要特别监督员！我需要大伙的帮忙，如果巴士发生意外，哪怕未到达博物馆，我们都得下车！如果谁愿意帮忙，请认真听我说，我会告诉你们监督员要做的事情。"

她当时的声音很轻，语速很慢。孩子们全神贯注地听着。"你必须看清楚离自己最近的车门，然后指引其他孩子出去。有人能够做这件事吗？"几乎每个学生都举起手来。然后，公交司机显得从容不迫，慢慢地审视车厢，目光落在每个孩子身上，最后选中了曼迪和亚历克斯。两个孩子立即将胸脯挺得更直，宛如加冕礼上的王族成员般冲着其他孩子微笑。说完了这些，公交司机才开始交代常规的规则：不能在车上大声喧哗或者吃东西。这时我才发现，只有曼迪和亚历克斯坐在应急门附近，他们身边都有老师陪着。

野餐的时候，我向公交司机询问她的策略。"我针对的就是坐在出口旁的孩子，"她说，"我故意装模作样地挑选志愿者，这样如果他们不想承担责任，他们也不会陷入窘境。"

太有才华了！这名年轻女子给责任赋予了荣誉感，引导孩子们怀着荣誉感来应对危机；与此同时，他们也在认真听她阐述安全规则。

善于引导"恶的冲动"

我在本章开头提到，在我的讲座上，家长们在5秒钟以内就能准确说出孩子们令人懊恼和不安的特质。如果你能更积极地重新审视它，那么给孩子安排适合他的任务并不算太难。露西的父母应该给专横（不对，那是未来的CEO）的露西分配任务，要求她关注日程和家务活、整理物品、提醒父母将要做什么；并且，要确保给她准备好日历、图表、带有许多小隔层的工具箱，以及所有可以帮助她安排以及管理自身生活的东西。

家长需要给孩子们想出各种任务或者分心事，还要提供工具来引导他们特殊的"恶的冲动"。有些任务可以是实际的家务活，还有些

第 8 章　自律之福：引导孩子的"恶的冲动"

则用来消耗他们多余的精力。例如，露西真正的家务活可能是整理家庭活动室的杂志、打扫前廊以及布置餐桌。她的"恶的冲动"任务是每天提醒父母数次（"爸爸，将裤子放进洗衣篮之前，记得掏空口袋。""妈妈，今晚记得启动洗碗机。"）或每周教妹妹玩新游戏。这样的话，即使露西的父母仍然需要教她学会礼节并打理好自己，但却释放了她热衷于安排、提醒和指手画脚的冲动。

在引导孩子"恶的冲动"时，要记住三个基本规则。无论他们的具体癖好是什么，这都适用于所有孩子。

不要苛求孩子

不要使用诸如"始终"或"绝不"这样的字眼。根据犹太教法则，可以不完全遵守某些诫命，但仍然需要履行责任。美国的法律体系将其称为守法精神。家长要考虑到孩子的良好初衷，不要期望过高，例如："我希望你始终都实话实说，不要在餐椅上将身体扭来扭去，抱弟弟妹妹时绝对不能太使劲，始终记得将做家庭作业所需的参考书带回家。"父母们可以读读格塞尔丛书（《你的 2 岁孩子》《你的 3 岁孩子》，等等），这能帮助你判断自己对孩子应该有的实际期望值。

记住成功的激励作用

试着换个角度。与其说"如果她更努力些，她会做得更好"，不如说："如果她做得更好，她会更加努力。"让孩子体会到成功的喜悦吧。

你要做个天才侦察员，设法找到孩子的优势所在。你可以留意他们的良好举动，并告诉他们："房间显得真美观！""如果没有你的帮助，我不知道如何安排好这次聚会。""非常感谢你，赛莉亚，将这只臭烘烘的狗洗干净，还有你，迈克尔，感谢你辅导伊拉娜做作业。"

让孩子轻松地取得成功，这很有必要。例如，将衣服分为四类——学校衣服、派对衣服、天气寒冷时穿的衣服和天气暖和时穿的衣服，然后让孩子自己选择穿哪套衣服。父母除了表示赞赏以外，不要做任何评论。如果孩子只擅于使用菲利普斯十字螺丝刀，那么，请在他回家之前将家里的五六颗螺丝拧松，然后告诉他你需要他发挥他的特长。

说话要简明扼要

犹太教注重语言的力量。我们的圣物是一部书，即《摩西五经》。我们甚至会在诵经节①拿着《摩西五经》跳舞，以赞美经书中的每一个字眼。我们可以运用言辞丰富孩子的生活，我们也能滥用言辞。所以，你在说话时要自觉地克制自己。对于孩子们的问题，父母无须立即提供解决方法，而要安静地聆听。如果你发现自己在和 2 岁以上的孩子争论，那就是在浪费时间，他们比你更擅于争论，这时你可以少说多做。父母应该以身作则，而不是总在说教。

---

① 犹太教庆祝当年会堂诵经结束、新年更始的节日。

第8章 自律之福：引导孩子的"恶的冲动"

有时候，即便我们移走所有的绊脚石，意识到孩子"恶的冲动"倾向，说尽世上的好言好语，也无济于事，孩子依然会忤逆你。这时候就要管教孩子了。就像在养育孩子时碰到的许多事情那样，如果事先多加考虑并运用技巧，解决琐事要容易得多。

正确的谴责：表达不满时不能羞辱孩子

《利未记》第19章中写道："不可心里恨你的弟兄；总要指摘你的邻舍，免得因他担罪。""免得担罪"是指什么呢？很多《圣经》解经家认为它的意思是，你在指责时如果无意中羞辱了做坏事的人，你会感到罪疚。其他人则认为它指的是，当人们克制自己的强烈情绪时，这会影响到人际关系。无论是哪种解释，人们都可能会悄悄地积累不满，直到最终勃然大怒，或者，以往亲密无间的人们会彼此逐渐疏远。第三种解释是指分担责任。当你看到别人做了错事并且明知这种做法不对时，如果你选择袖手旁观、沉默不语，那你也有罪过。

如果父母恰如其分地谴责孩子，孩子就有机会学习到父母的价值观和行为标准。他们也可以由此得知：我们可以直接表示失望、沮丧或受伤，但同时却毫无敌意，也不会羞辱别人。请记住，你的目的是区分谴责与批评之间的差别。你会因为自己感到疲倦和沮丧而责骂孩子吗？因为他比你小，所以你就可以迁怒于他吗？在你责怪孩子之前，先花点时间寻思这些问题。

不要觉得谴责孩子是区区小事，或者觉得这样做天经地义。《塔木德》中的塔方拉比说:"我想知道这代人里,是否还有人能够接受责备。"以利亚撒·本拉比这样回应他:"我想知道这代人里,是否还有人知道如何正确地谴责。" 11 世纪的主要《圣经》解经家拉希指出,最难做到的事情就是在严厉地谴责他人时却并不羞辱对方。不能让他人感到羞耻,这是犹太教的核心话题。拉比们教育我们,羞耻心会导致巨大的痛苦,几乎和谋杀无异。让他人因尴尬而涨红了脸,就像是我们用匕首戳中了他们。

犹太教中有三种类型的罪恶。第一种是无心之过(*cheit*,它也是射箭运动中的术语,意为"错过靶子或未命中目标")。这是我们无意中犯下的罪恶。第二种是出于欲望而犯罪(*avon*),尽管我们知道是错误的,但无法控制自己。第三种是反叛罪(*pesha*),即"明确地向上帝(或父母)表示他不是我们的主人"。因此,要根据孩子"犯罪"的性质来选择谴责孩子的方式。

对于孩子的无心之过,你可以指出他判断失误的地方,让他吸取教训。心理学家米里亚姆·阿达汉将这种无心之过称为"拉比货币"(*rebbe gelt*),比如丢失外套、让牛奶溢出来、忘记吃午餐或做家庭作业。判断失误所造成的后果被称为"拉比"(老师);而之所以称之为"货币",是因为这是非常值得汲取的教训,它比金钱珍贵,比所有丢失、溢出或忘记的东西都更重要。对于这种过错,除了指出错误外,无须再谴责。为了确保这个方法奏效,你还必须避免去"解决"问题!例如,如果孩子总是忘记带午餐盒,那就不要再继续将餐盒送到学校给他。有好几个校长曾经告诉我,忘记带午餐的孩子可以吃熟食店的三明治。如果你能够避免干预这类行为,孩子就有机会从丰富的

第8章 自律之福：引导孩子的"恶的冲动"

"拉比货币"中受益。

该怎样谴责出于欲望而犯下的过错呢？迈蒙尼德斯在其著作《密西拿书》中，给我们提供了若干实用的策略。如果要谴责或教训他人时，你应该这样做：

- 私下谴责。
- 温和地与犯规者交谈。(《圣经·传道书》也教导我们必须轻声细语地说话："智慧人的言语温柔可亲。")
- 记住，你说的话是为对方好，而不是要羞辱或报复他。
- 在谴责时要高度尊重对方。

在汲取了米里亚姆·阿达汉和斯宾塞·约翰逊的"1分钟谴责术"以后，我摸索出了自己的"迈蒙尼德斯谴责技巧"。首先，如果你因为过于烦恼而不能冷静地说话，就先数到十，或离开房间，或者稍等片刻。等重新恢复平静以后，再告诉孩子你需要和他谈谈，并带他去一个安静的地方。注视着孩子的眼睛，将你的手轻轻地搭在他的肩头，跟他描述你接受不了的具体行为："我看见你和莱拉用我的镊子夹死了蚂蚁。"

告诉孩子，你对他的所作所为有何感受，要简洁明了。在谴责孩子之前，先给孩子留点面子，例如告诉他"我肯定你不是故意的"或"你可能没有仔细考虑过这点"。再或者，本着 es pasht nisht（这个意第绪语的意思是"这不像你"，等于说当前的负面行为不能掩盖孩子的品质与以往的良好行为）的精神说："克洛伊，这不像你。你通常对动物

放下孩子
The Blessing of a Skinned Knee

很友善。"

不要逮住这个机会来挑剔孩子的毛病，清算他老早以前犯下的这类问题，或者牵扯到孩子其他的不良行为或态度。你没有多少时间，只能谴责1分钟。不要预测这种行为会对将来产生什么影响（"我开始怀疑，将弟弟单独交给你是否安全"），也不要贴标签（"你不会为他人着想"），你只需要告诉孩子他的行为会导致什么后果："从现在开始，在得到我的许可之前，不许你擅自进入我的浴室。"这些初步措施只需要花费一两分钟。

谴责完孩子以后，请沉默片刻再来评价孩子的反应，看看他是后悔、蔑视、抵赖还是辩解。要克制自己，不要去争论过错的严重程度和范围。

最后，要给予孩子纠正错误的机会。在犹太教中，悔改这个词是"teshuvah"，既意味着误入歧途以后回归真实和最好的自我，也意味着转向神和回归神圣而客观的道德标准。但因为单单依靠言语和动机是不够的，所以为了实现这种回归，孩子必须用行动纠正自己所犯下的错误。

对于无意犯错的孩子，可以简单地要求他擦干溢出的牛奶，或者在你打扫碎玻璃时帮忙拿着纸袋。如果他将夹克外套弄丢了，可以让他凑零花钱再买一件新外套。

你无法让蚂蚁死而复生，但可以让孩子将镊子擦干净并负责喂一星期的鱼。在孩子纠正错误的时候，你可以问他下次会怎样做。如果他不知道，不妨说出你的主意："如果你想假装做外科手术，那假装出做手术的样子就够了。"你也可以问他，他觉得做些什么能弥补刚才的行为呢？言辞要简洁，直到你们商定好恰当的悔改措施为止。

最后，摸摸孩子，提醒他你爱他，并向他保证，尽管你对他的行为感到失望或难过，但你并没有嫌弃他。如果你认为事实的确如此，不妨跟他说："我保证再也不会这样了。"拥抱他，让他知道你心无芥蒂。然后再 kadima（希伯来语：点亮）！前进！继续开始日常的生活。

对忤逆行为的惩罚：温和的责备还远远不够！

如果孩子蓄意做出不可接受的行为，并且这种过失不是源于欲望而是反叛罪或试探父母的权威，那么惩罚就是必要且合理的。正如谴责孩子的时候要避免羞辱他，惩罚他的时候，也必须确保不要恐吓或辱骂他。与此同时，需要让他对自己的不当行为感到如坐针毡。

犹太教认为，只有事先警告过孩子并告知不当行为的后果，才能惩罚他们。圣贤也教导我们：如果事先没有告诫，绝不应施行惩罚。作为父母，我们应该效法上帝。《塔木德》同样告诫我们，不要威胁孩子说以后再严惩他。拉比们给我们讲过一个小男孩的故事，他在安息日那天打破了瓶子，他的父亲扬言过完安息日以后要抽他耳光。小男孩吓得胆战心惊，竟然跳进深坑里自杀了。儿童有丰富的想象力，可能会为了逃避父母所说的惩罚而伤害自己，因此，应该在孩子犯错以后尽快做出惩罚。

但有时候，例如在公共场合，这样做完全不切实际。在这种情况下，家长可以先露出严厉的神情并低声斥责孩子，然后回到家再惩罚他。切记不要掉进陷阱中,即在事发现场来来回回地争论,也尽量不要宣布惩罚孩子以后又出尔反尔。如果你说话不算数,孩子就会不把你当回事。如果你的决心不够坚定,他们就会像带着整车炸药的巡回演出人员那样缠着你。

最后要提醒的是:不能加重惩罚。如果你已经脱口而出"罚你三天不能看电视"而女儿也不屑地回答"没什么大不了的",此时你再回她"好,很好!现在罚你七天不能看电视!"这样的话,你这就是在和她较劲并滥用权力了。不要以势压人,这样你才能赢得主导权和孩子的尊重。

有效的惩罚:将孩子的权利调整为特权

我经常听到父母说:"他根本不在乎我处罚他。如果我将他送回他的房间,他还很乐意。什么都无济于事,他不在乎我取消他的特权。"

"噢,是的,他是这样的,"我总是这样回答,"秘诀在于你如何理解特权。如果你将孩子认为的大部分天生权利调整为他必须努力赢得的特权,那么,行之有效的惩罚方式将会数不胜数。"

如我在第5章中所说,每个孩子都有权利得到某些基本的东西。但是,除此以外的所有东西都是他们需要努力赢来的特权!其他的一切包括:下载软件、新潮服装、甜点、看电视、骑自行车、接听电话、周末熬夜、约伴玩耍、妈妈现烤的奶酪三明治、前往音像店……所有这些他视为与生俱来的权利,你都可以规定为特权。

要想创立新的世界观,首先是改变你的措辞。不要说"你如果不

第8章 自律之福：引导孩子的"恶的冲动"

这样做（马上去收拾房间！），你就不能那样（今晚看电视）。"要将"如果……那么……"改为"等到……的时候，才能……"，例如："等到你连续三天记得将衣服放在脏衣篮时，你才能在晚上做完作业后看电视。我绝不会提醒你。如果你愿意，我们很乐意帮助你制定图表来提醒你。现在请复述我说的话，好让我知道我们都理解了这些规矩。"

"等到……的时候，才能……"是关键的措辞。现在你可以去听听CD，和朋友通话，或者做些园艺工作了。暂时让孩子独自待着。当他想起来要配合时，他才能得到自己渴望的特权。这是一个全新的视角。

知错就改，善莫大焉

> 悔改的罪人应该利用他犯罪时所显露的本事努力行善。无论是身体的哪部分犯过罪，他现在都应该行善。如果是他的双脚犯了罪，那就让双脚从现在起开始行好事。如果是他的嘴巴撒了谎，那就让它从现在起说出真知灼见。施过暴行的双手也要从现在起多行义举……捣乱分子现在应该开始成为和平缔造者。
>
> ——13世纪的乔纳·杰隆迪拉比

处罚的目的，是要教给孩子新的态度和新的行为。因为我们都会要求孩子要积极地消除或纠正不可接受的行为，而做出补偿可以很好地帮助孩子准确认识到自己做错了什么。一所男校的校长是个正统派犹太教拉比，他给我讲述了落实这项规则的方法。艾布拉姆曾经两次因为觉得"好玩"而偷走阿里午餐盒中的饼干，于是，这个拉比便要求他在厨房帮一天忙，还要送给阿里一盘刚出炉的饼干。还有一个学生名叫莫西，他在洗手间的墙上乱写乱画。次日，维修人员重新粉刷了整个洗手间，将墙壁恢复了原状。拉比并没有让莫西停学，而是让他放学后留下来帮忙——清理洗手间并分配厕纸，直到下午6点为止。从此，莫西再也没有乱涂乱画惹麻烦了。

"我认为他那天下午错过了重要的篮球比赛，这是惩罚能够取得良好效果的部分原因，"他告诉我，"但是我们也要投入时间和精力，为他指出正确的方法来弥补自己所犯的错误。"心理学称之为"逻辑后果"。《摩西五经》则称之为"悔过"，即"为自己的行为做出补偿的机会"。

如果你的孩子犯了反叛罪，请想想他可以怎样弥补自己所造成的身心伤害。杰隆迪拉比是这样建议的：他既然有本事犯错，就得有本事弥补。

终生审视自己的性格

19世纪时，一位母亲抱怨她的儿子不听话，当时的拉比作家萨姆森·拉斐尔·赫希这样跟她说："十年以来，你都在听从孩子的摆布，

第8章 自律之福：引导孩子的"恶的冲动"

现在你却希望他听话？"显然，如果我们希望孩子进入青春期时行为端正，我们就必须在孩子年幼时常常管教他们。犹太智慧强调：做好准备非常重要。早年经常管教孩子，他们才能在将来成为健全的青少年。

米里亚姆·阿达汉有一个简单奏效的育儿理念：三分之一的爱、三分之一的规则以及三分之一的自主裁量权。我们凭直觉就能理解三分之一的爱。三分之一的自主裁量权，意味着你可以对很多小错误视而不见，只需要选择好目标，然后明智地处罚孩子。三分之一的规则，意味着你在三分之一的时间里必须态度非常强硬、毫不让步，强硬程度甚至可能得远远超出你的意愿。《塔木德》也给出了类似的建议：和孩子打交道时，你要有方法用左手将他推开，并用右手将他拉到身边。

这种推拉的过程会让家长觉得苦不堪言。为了取得成功，我们可能需要采取前所未有的做法来约束自己。这应包含在计划之中。犹太教教育我们，尽力培养孩子优秀的性格特质是父母终生的功课，即便在孩子接受成人礼以后也不应停止。抚养孩子有助于你完善自己的人格，因为如果要改变他们的不良行为，你可能要先适当地改变自己。某些性格特征可能不太讨喜但却极有价值，例如忍耐、坚强、先见之明、勇气、自律以及接纳，它们都源自家长千辛万苦的培育。当你教导孩子怎样控制以及引导"恶的冲动"时，你也会发掘自己以前未曾觉察到的优点。

第 9 章

时间之福:
重视当下的价值

如果我们能守护这样的时光——
与伴侣相处的时间、不受干扰的家人团聚时间、
就寝时间、休息时间以及周五晚上的家宴时间,
我们就在做了不起的工作,并赠给了孩子千金难买的礼物。

两位拉比告诉了我同样的故事。有个担心孩子的妈妈前来询问拉比:

"拉比,你可以和我的儿子乔丹谈谈吗?他总是在生气,我知道肯定有些事情让他感到烦恼不安。也许是我离婚了,也许是他和朋友发生了不愉快的事情……我不知道,但你也许能让孩子敞开心扉。我能带他来和你见面吗?"

然后拉比安排了时间,说星期三下午4:30见面。

"不,这个时间不行。乔丹到时要参加篮球训练。"

拉比便重新安排时间。

"这个时间也不行。他要参加数学辅导班。"

拉比又接着安排时间。

这位妈妈说儿子要上吉他课。

拉比发现:这个小男孩的日程比他还要繁忙。他告诉我,他已经知道乔丹生气的原因了。

我们这一代的父母既志向远大又非常勤勉,但是,这两个潜在的优良品质结合起来却腐蚀了我们与时间的关系。我们让孩子们在冬天

第9章 时间之福：重视当下的价值

的早晨睡眼惺忪地醒来，然后背诵拼写词汇表和乘法表，还要忙着应对空手道课程、生日聚会以及约伴玩耍，孩子们每天都被安排得满满当当。《摩西五经》教导我们，上帝让我们担任世界的照管者，而不是世界的主人。作为美好时光的照管者，我们有义务好好利用它。这意味着什么呢？

对大多数人而言，好好利用时间意味着知道怎样争分夺秒。然而，教育孩子时，拼命挤出更多时间的做法是没有用的，因为变数太多。你刚刚制定了完美的计划，新的朋友、体育运动或课程就又出现了。许多父母惊讶地发现，孩子们年龄越大，自己反而需要花更多（而不是更少）时间来替他们操心；孩子的家庭作业更多、社交压力更大，更没有时间参加足球比赛了。随着各种活动纷至沓来，父母在慌乱中开始完善自己管理时间的技能，但通常毫无效果。

我们可以将时间视为可以利用的资源，或者可以享用的珍宝。犹太教要求父母同时接受这两种观点。如果我们的精力只用在安排日程和监督家庭作业上，那我们就不会珍惜和孩子们共度的时光，不会注意到他们的惊人发现或光芒四射的魅力，也不会停下始终忙乱的脚步来理解和聆听他们。

青少年主要的抱怨，就是没有人聆听他们的心声。我们需要尽早养成倾听以及渴望被倾听的习惯。如果我们总是注意力不集中，孩子就能察觉到我们的心不在焉，不再和我们交谈了。这是快节奏生活方式产生的可悲后果。当然，还有许许多多其他的后果。如果做什么事情都匆匆忙忙，孩子们就很难学到必要的生活技能：休闲放松、思考生活、通过自娱自乐消除苦闷，并普遍感受到平静和满足。如果没有教导孩子思考各种事情，他们又如何权衡各种问题、行为和后果呢？有句名言把这个道理描述得很贴切："浑浑噩噩的生活不值得过。"所以，请花点时间来审视我们的生活。

犹太教将时间看作神圣的货币。基督徒说要做"能够被上帝使用的器皿"。我也认同，人生应该用于侍奉上帝。在基督教神学中，世上的每个人都有机会与神同工，以感谢上帝为我们的离世而预备好礼物。犹太教则注重当下。与神同工的奖励就是你在世时的生活质量，神赐给了我们自由意志，以便我们睿智地做出抉择，充分地利用我们活着的时间。我们都有机会在有生之年造福世界，珍惜当下以及利用好时间。但是，这里有一个很大的悖论：放慢脚步需要付出的努力和专注，并不比完成事情本身更少。为了好好利用时间，我们必须采取谨慎的态度，就像我们监督孩子的健康或者促进他们的教育那样。要如何做到呢？犹太教为我们提供了休息、反省以及新生的时间。我们称之为安息日。

安息日：每周休息日的神秘力量

与其说犹太人保留了安息日，不如说安息日保留了犹太人。

——哈德·哈姆

拉比们注意到了仓促生活所导致的危害。幸运的是，他们拥有现成而可靠的矫正措施。上帝也直接提出了这种要求，他创造出时间以

第9章 时间之福：重视当下的价值

后就又立刻创造出了保护它的方式。

上帝辛勤地工作。六天内，他创造了天、地、日、夜、男人、女人、蜂鸟、果树、蜥蜴、蜜蜂以及其他物种。然后，上帝评价他的成就，书中记载："上帝感到很满意，他看到所有受造物都是好的。"请留意这种态度，没有任何完美主义的倾向，也没有工作狂倾向。他喜欢他看到的景象。现在，请看看接着发生的事情。

"上帝用六天的时间创造了世间万物，到第七天，上帝开始休息，并给第七天赐福，称之为圣日。因为上帝歇了他一切的工作，安息了。"这句话很重要："上帝歇了他一切的工作。"他为自己安排的工作有始有终。当他完工以后，他停下来休息了一整天。此后不久，上帝便命令所有人都要这样做。"你应该劳作六天，并且将工作完成，第七天是你当侍奉的神的安息日。"

在以前，《摩西五经》中逐个列举了613条诫命，因为人们时时处处都在违反它们，否则，何苦要制定诫命呢？其实，上帝深刻地洞悉他所创造的人类的天性，他意识到，让人们停下工作并不容易。因为停下工作所需要的自律和计划并不比工作本身少，甚至更多。他的子民必定会屈从于诱惑，且无法放慢脚步。

所以，上帝采取的策略就是让每个人都参与进来。他知道，如果其他人都在工作，人们就会感到内疚或者忍不住去工作；除非每个人都服用相同的药物，否则他开的药方就无效。因此，他通告天下，命令每个人都必须休息。"你们（你、你的儿子或女儿、男仆或女仆、牲口或者住在你家中的陌生人）必须停掉所有工作。"

最后，上帝将安息日作为圣约的标志，以增加它的重要性："以色列人必须保留安息日，世世代代都要谨守安息日，将它视为永远的圣约。"圣约的标志？有什么大不了吗？为什么它如此重要？

答案就在于休息日具备的神秘力量。短语"上帝安息了"里的希伯来语单词"安息"就是指安息日（*vayinafash*），也可以指"灵魂"（*nefesh*）。在安息日那天休息，可以让我们的灵魂获得重生。亚伯拉罕·约书亚·赫舍尔拉比是一位伟大的现代学者和哲学家，他称安息日为"时间的教堂"，而不是指某个地方。在犹太教传统里，我们专注于圣事，而非财产或地位。

我们来想想犹太新年和赎罪日，它们是犹太教最神圣的节日，每年那个时候，犹太会堂的与会者之众超过了任何其他节日的人数。用山羊角吹出震耳欲聋的声音，似乎就是信仰年代的大事。但是，当犹太新年和安息日重合时，有些会堂的传统会禁止吹羊角。为什么呢？因为按照犹太律法，安息日那天禁止携带乐器，两个节日重合时要以安息日为重，即每周法定的休息和重生之日超过犹太新年这个重要的圣日。

罗恩·沃尔夫森博士在他的著作《犹太人的生活艺术：安息日家宴》解释了我们为实现心灵重生而应遵守的原则：

> 安息日禁止所有改变物质世界的行为。那天，我们会不再驾驭自然，停止建造、移动和改变物理世界。因而，安息日应该用来专注于永恒，关注人类活动无法改变的事务。甚至大自然在这天也不会受到人类的干预。家庭中许多安息日准备工作已经提前完成，因此，我们当天无须再做任何"工作"。

第9章 时间之福：重视当下的价值

马克·西林斯基拉比在他的著作《生态与犹太精神：自然与神圣相遇之地》中，将安息日体会到的永恒比喻为沿河漂流或者身处荒野。筹备这样的旅程（找到合适的地图、检测仪器，将车中塞满物品）需要大费周章，你甚至会怀疑这是否值得费心。所以，为了能停下来，你必须加倍地努力。但是，在沿河漂流时，由于没有手表或需要履行其他义务，时间就按照自然的节奏呈现出来了。西林斯基拉比说，在安息日的"沿河漂流"时光，我们有机会体验到"更多的性灵"（*neshamah yeterah*）。这种"更多的性灵"在本质上是什么样的呢？传统的犹太神秘著作教导我们："拥有安息日的心态以后，我们会忘记伤痛和愤怒。欢乐将无处不在。"在安息日和自然界中，我们最能感知到上帝的神迹，并有机会去捕获这种感觉。

在其他许多时候，我们也能够充满"更多的性灵"。某个夜晚，艾玛正在冲洗蓝色的盘子，准备将它们放进洗碗机中。盘子上沾有融化了的山莓冰糕。"妈妈，看！快过来看！这就像落霞。太好看了！"水槽里还有装过沙拉的绿碗，浅色的生菜叶子漂在碗口。"看，这就像开着睡莲的池塘！"我张开胳膊环抱着她，透过她的双眼欣赏清洁厨具时遇见的美好。我感觉到"更多的性灵"正在向我们靠近。

每个家庭都会自然而然地迎来灵性的高峰体验。孩子们敏锐而诗意的洞见，他们从浴缸爬出来或模仿烤面包时提出的问题，都是可遇而不可求的，我们事先无法进行编排。当闪闪发光的牛蛙跳上车道，或者孩子与祖父母促膝长谈，时光有时会静止，它预示着我们轻松地迎来了"更多的性灵"。而谨守安息日的做法让我们更有可能在这些时刻中发现自我，这样的时刻也会更长而不是稍纵即逝。与此同时，我们也无须完全被动地等待它们的出现。

美好的家宴时光

在育儿班上，我提议大家借鉴安息日的做法将时间变得更加神圣。我告诉大家，我们家里的安息日仪式始于孩子们尚在襁褓之时，并且在慢慢地发生着变化。一开始，我们只是做些微乎其微的改变。大概十二年前的某个周五晚上，我们点燃了蜡烛，结结巴巴地祈祷，互相亲吻并问候"安息日好"，然后我们到当地的泰国餐馆吃虾。第二个星期，我们举行了针对葡萄酒的祈祷仪式，然后继续到泰国餐馆就餐。一两个月后，我会烘烤白面包并为它感恩祈祷，然后在家中举行晚餐。一年半以后，每个周五晚上，我们都在家中举行完整的安息日晚宴。我们为所有事物祷告：蜡烛、孩子们、母亲，以及这个神圣日子。

多年以来，随着孩子们的成长，我们也在不断调整谨守安息日的规则，以便符合家庭的需要。在孩子们上小学低年级时，规则要比现在更严格。我们只有往返犹太会堂时才会开车。我和丈夫非常珍惜在会堂的上午时光，我们不用照料孩子，可以祈祷、唱歌或与朋友交流。只有在犹太会堂，我们每周才有机会让灵魂重生。我们同样珍惜和孩子们以及她们的祖父母在家里共同度过的下午时光，无须忙得不可开交，也无须打电话、回邮件或处理琐事。

现在孩子们大了，我们对待安息日的规矩也渐渐变得宽松了，但

第 9 章　时间之福：重视当下的价值

始终保持不变且不容亵渎的是：每周五晚上轻松地共进晚餐。这是犹太教的传统，即"认同戒律，并尽可能让它变得更美好可爱"。我们称这个概念为"美丽的仪式"（*hiddur mitzvah*）。安息日餐桌就是典型的例子。我们用银质餐具代替平日用的餐具，将鲜花摆在餐桌上，斟上葡萄酒和葡萄汁。我们还会穿上正式服装，并邀请一两位客人。

家人们都知道，无论这周有多繁忙，周五家宴都是雷打不动的。我们不会接听电话，也不会匆匆忙忙去做接下来需要完成的事情。我们凑到孩子耳边，轻声"祝福我们的孩子"，说出美好而深情的祈祷："愿神的光芒照耀你并赐予你平安。"

我的丈夫迈克尔会唱诵《英勇的妇女》（*Eishet Hayil*）[①]。这首祈祷词的开篇是："贤德的女子，何处可寻？她比红宝石还要珍贵。"我们会围绕着餐桌分享各自的好消息，每个人都要向其他家人分享这周让自己特别感恩的事情。

有时候，我们会采用家庭版的《摩西五经》讨论指南，向孩子提出道德上的难题。例如，我们会问：你觉得可以为了测试疫苗效果而将病毒注射进老鼠身体中吗？此处，我们汲取了犹太教所阐释的人类对于其他物种在统治权（领导）和管理权（职责）方面的观点。在你看来，雇佣外国童工的公司老板为会堂建造新大楼捐款，会堂是否应该接受？如果生活在一些国家的孩子不工作，他们的家庭就没有足够的食物，将会怎样？接着，我们讨论犹太教的慈悲观和正义观。最后，我们会唱诵饭后的祈祷词。

[①]《箴言》中的著名诗歌，通常由男人们在安息日的餐桌上唱给他们的妻子。

在日常生活中遵守安息日，比不遵守安息日让我们拥有更深层次的自由。我们周五的晚宴以及周六从容不迫的节奏，对这周余下的几天会产生积极的影响。但是，和安息日同等重要的是稳定的家庭生活以及坚持犹太传统，这背后的原则并不意味着我们只需要在某天遵守即可。事实上，我们必须睿智地对待每个瞬间，每个时刻都可能变得圣洁，我们应该在每周的其他六天里也这样做。那么，我们要怎样将安息日思维继续延续下去呢？是不合时宜地制止冲动从而扼杀我们的本质吗？首先，要意识到现代生活中的哪些因素构成了我们最大的阻碍。

父母须知：家庭不是办公室

杰姬是个建筑师。她在育儿班上告诉我们，她开始越来越晚回家。这并不是因为有办公室恋情，而是源自一种恐惧感。经过一番抽丝剥茧，我们拼凑出了商业电影中所说的"背景故事"。

杰姬从办公室回家后，她感觉自己需要哨子、扩音器以及机械手臂才能让家里高效地运转。她从这间房走到那间房，捡起地上散落的各种物品，并对孩子们大声发号施令："关掉电视！完成你的家庭作业！吃晚饭！收拾餐桌！将垃圾清理干净！去洗澡！不要再玩水泡啦，好好洗你的头发！从浴缸出来！上床！快点睡觉！起床洗漱！将你的背包找出来！出门等车！"

周末也未能让杰姬摆脱压力，休息片刻。平日的家务活已经堆积

第9章 时间之福：重视当下的价值

如山，她还要在生日聚会开始前的数分钟去买礼物，为孩子即将参加的少年棒球联盟赛加油，以及辅导孩子完成家庭作业。此外，杰姬处处都感到不安，觉得自己做得不够，和孩子关系生疏，没有真正亲近孩子。

当杰姬来到办公室，场景却截然不同。这里安静整洁，她的成年同事都在这儿。他们共同庆祝生日，喝咖啡，完成她感兴趣的项目。地面上没有零星的建筑图纸碎片，即便有，也有专人负责清理。在工作中，杰姬做出了重要而显著的贡献。她设计各种建筑，深受好评，获得报酬。于是，她开始越来越晚回家。

阿利·罗素·霍奇柴尔德在其著作《时间困扰：家庭工作一锅粥》中写道，人们开始将办公室当成放松身心的地方。随着上班族父母每天都要工作很长时间，家庭也变成了新的职场，在这个职场里，有太多需要在睡觉前数小时里完成的工作。阅读完霍奇柴尔德的著作，尼古拉斯·莱曼总结了这种趋势对孩子造成的后果："孩子们被迫接受工厂似的快节奏，整天匆匆忙忙地做这个做那个，只能等到晚上父母才有时间（甚至连这点时间也腾不出来）来满足他们的情感需求。"

就像《时间困扰》中所描写的父母，杰姬从来没有意识到，她更喜欢工作而不是家庭。她只知道，当她在家时会感到急躁、无力，并因为无法将所有工作做好而内疚。我告诉她，放慢脚步并非易事，所以上帝才命令我们这样做。我看到她的眼神中流露出认可的意思。

"我知道，"她说，"我应该将工作时间减少三分之一。我在家的时间太少了！这是问题的关键所在。"

"减少工作时间或许可以解决部分问题，但你在家的态度和目标，与你在家的时长同等重要，"我答道，"一个很有趣的矛盾是，如果你在家中也像在工作中那样雄心勃勃，你会失败的。你在工作中的'产品'是设计出完美、实用、美观的建筑，但你在家的工作是营造氛围，让疲倦的孩子不但能够完成家庭作业，好好刷牙，还能够分享食品、相互交谈，与彼此恢复亲密关系，从而放松下来。"

为了让家人们恢复亲密感情，父母们必须要执行许多管教措施，但这些措施不是你在工作中为达目的而执行的那种。在家里，如果你缺乏效率（至少表面是这样），你反而能将工作完成得最好。尽管一到家就马上洗碗或回电话可以减轻你内心的焦虑感，但请你克制这些冲动。如果女儿气喘吁吁地告诉你，老师的儿子在野营时迷了路，他们花了4个小时也没有找到他，此时你若不忙于洗碗和回电话，就能将事情处理得更好。

"真正脏乱的家庭是不会纠正问题的，我不提倡大家生活在猪窝里，"我告诉杰姬，"但是，如果家里除了清扫和有序规划之外还会有其他事情发生，那么你和你的家人就会更喜欢留在家里。"

太多的应酬，太少的家庭时间

你有没有留意过，上学时表格上要填写的内容越来越多？妈妈的电子邮箱、手机号码、座机电话、办公电话，然后是爸爸的信息。这让人很有安全感。如果发生紧急情况，学校可以及时通知家长。然而，雇主、雇员、客户、朋友和亲戚同样能联系上我们，并且始终都可以

第 9 章 时间之福：重视当下的价值

联系到我们。

这些各式各样的联系，确实有它可取的一面。苏珊娜从露宿营地回家后，一上网就能立刻收到营地朋友的消息。在分开 24 小时后，他们很高兴可以再次取得联系。我也与许多人保持着友好的电邮往来，要不是有电子邮件，我与他们的交往可能会更拘谨或更少。这些都是好事。但是，如此紧密的联系，也是有代价的：有时候，家里会像医院 ICU 病房那样发出电子设备的嘟嘟声，以前相对隔音的墙壁现在不隔音了。在《干扰时代》这篇文章中，作者迈克尔·温图拉说道：

> 越来越多的人将干扰视为理所当然，既有干扰他人的权利，反过来，也预料到自己会被他人干扰。每个人的时间已经如同迷宫、笼子和跑步机的混合体，很容易在不知不觉的情况下被分割成碎片。这既有利于有效的沟通和联系，同时也让外界随时侵占我们的家庭时间。

在安息日，许多人都觉得其他人应该暂时不要打扰自己。很快，你的朋友和同事就会接受，你在周五晚上或周六不会接听电话或者关心公事，然后他们就不会再来电。你已获得了不受干扰的神圣许可。如果只有上帝的话语才让你有足够的力量克服接听电话的文化压力，那么在本周的其余时间里，你仍然会深受束缚。如果不给自己设置干扰限度，你就没有机会休息和陪伴家人。你的应酬太多了。

放下孩子
The Blessing of a Skinned Knee

忙碌是逃避绝望的借口

我们忙于工作，在家也忙于应酬，成了电脑时代和当今生活方式的双重受害者。当然，我们并不是完全无能为力。为了和家人多些相处时光，我们可以随时关机，减少加班时间，容忍家里乱糟糟的样子。我们为什么不这样做呢？英国心理学家温尼科特研究过这个话题。他在《狂躁地抵抗绝望》这篇文章中，恰如其分地描述了那些诱使我们忙乱不堪的罪魁祸首。

温尼科特认为，当人们感到存在的焦虑时，忙个不停就是遏止这种感受最简单有效的方法。如今，只需要按下遥控器，我们的绝望感就会被触发。就在我写下这些文字时，新闻正在长篇累牍地预测全球变暖所导致的剧烈环境变化。看到这些新闻，你可能会考虑你能为此做些什么，或者在很大程度上做出以下无意识的反应："我希望尽快将我觉察到的这种现实抛诸脑后。想到我的孩子要生活在发生巨变的星球上，就觉得这真是太恐怖了。我这种人无法独自解决全球性问题，我还是给每个人多安排几节课吧。"正如我所说，这是一个无意识的过程。温尼科特相信，我们会无意识地加快生活节奏，以免在面对不知所措的问题或内心挣扎时产生无助感。

这或许也解释了为什么很多人会觉得，休息一整天是很可怕的事情。我们不怕耽误时间，但害怕花时间去反思。如果没有日常的分心和干扰，我们可能不得不面对失望、孤独、沮丧、恐惧、无助和疲惫的感受，还会担心自己不够强大从而无法做出必要的改变。

家庭作业：时间强盗

凭借意志力和明确的使命感，我们可以改变某些行为，让它们再也无法攫取我们与家人相处的时间。但是，有一股潜藏的力量，让我遇到的绝大多数家庭都感到困惑和沮丧。这种力量就是家庭作业。家庭作业始于幼稚园或小学一年级，并不断增加分量，直到高三。它占用孩子晚上的时间，加剧了家庭的紧张氛围，让无拘无束的孩子变得紧张兮兮。

然而，以前并不是这样的。近年来美国的家庭作业达到了有史以来的最高水平。密歇根大学社会研究所的研究员发现，小学生的家庭作业从1981年到1997年间增加了三倍。其实，在过去的几十年里，许多学区的开明教育者禁止小学布置家庭作业，以阻止死记硬背的学习方式。20世纪60年代末到70年代初的学生们都在嬉戏打闹，因为当时他们的家庭作业减少到了"二战"时的水平。但是，出于对美国经济竞争力的担心，再加上1983年发布的政府报告《处于危险中的国家》强调了美国学校的失败，民众压力陡增，觉得应该要再次吃苦耐劳。到20世纪90年代，又有了许多增加家庭作业的诱人理由。父母们觉得无法把握未来，因此他们愿意接受家庭作业所带来的负担，但倘若没有这些担心，这种家庭作业的负担显然是可笑的。

每个人都在相互指责。老师们抱怨家长由于担心孩子无法被大学录取，要求学校布置很多家庭作业。这些家长说，如果不布置作业，他们就会感到被欺骗了，仿佛看了病却没有开药带回家。父母抱怨学校布置的家庭作业是为了帮助孩子应对各种各样的标准化考试，从而让学校和教师获得好名次。我甚至怀疑有些父母会将家庭作业视为成本低廉且有益健康的保姆。孩子们放学以后无法自由地在街区奔跑，而家庭作业似乎是不错的替代品：做作业的时间增加，意味着看电视的时间减少。

但是，正如摄取过多的维生素无益健康，增加家庭作业对孩子并没有太多好处。密歇根大学的研究表明，增加作业量并不会提高孩子们标准化测验的分数。更多的家庭作业并不能帮助培养孩子的学习技能，反而会导致更多的孩子出现头痛、腹痛、做噩梦、上学态度不端正的情况。当然，围绕着如何以及何时完成家庭作业的问题，家庭也承受着更多的压力。

拉娜的儿子斯科特是大一新生，她在育儿班上告诉我们，斯科特费尽周折才考上全国最负盛名的大学：

> 斯科特在高中时非常出色。他完成了全部的大学预修课程，被加州大学伯克利分校录取，但两个月后，他却回到家乡，以非全日制身份就读于当地的社区大学。他完全被毁掉了。回想以前，我认为问题始于他的中学时代。他当时既孤僻又紧张，无法独自去任何地方，但却不得不熬夜学习。高中时，他简直变成了学习机器。他的学习效率非常高，看起来他似乎对自己的成绩非常满意，以至于我们没有意识到他错过了多少正常的生活。

第9章 时间之福：重视当下的价值

我们无法从孩子那里得到线索。拉娜说，她和丈夫不知道斯科特错过了多少"正常生活"，但对斯科特来说，生活一贯如此，因为他的父母能够将他的生活和其他孩子进行对比，但置身于一班超级学霸中，斯科特却无法做到。当听到这类事情时，我为所有熬夜学习的男孩女孩感到心痛，他们承担着过重的工作量，这样的工作量大多数成年人连一个星期都吃不消。对于在20世纪七八十年代长大的父母来说，他们的家庭作业相对较少，整体氛围也不那么苛刻，他们有义务让孩子至少拥有一些青少年时代必不可少的自由。

学习风气往往每隔十年左右就会发生变化，父母们在为孩子确定目标时，不能仅仅着眼于平均成绩、考试分数以及有利于大学申请的活动。这种代价太大了，孩子们会失去很多东西。恰当的做法是：根据可靠的犹太教原则（适度、庆祝和圣洁）来为孩子安排日程并设定期望。适度的家庭作业是有益的。你只需要留意，别让作业妨碍孩子欢度他的少年时代，破坏你和孩子相处的机会。

减少家庭作业量

在这个时代，父母们认为有必要亲自参与，以监督"新家庭作业"的数量和较高创意。不幸的是，用功学习并非父母和孩子相处的最有效方式。尽管制作族谱和使用混凝纸制作火山之类的家庭作业非常富有创意并让人感到愉悦，但父母的过多参与对每个人都带来了害处。凯西用后院的三根树枝和棕色黏土木棉布制作的印第安人模型，比起

放下孩子
The Blessing of a Skinned Knee

杰克逊用玻璃纸和水面上亮闪闪的小巧圣诞灯泡制成的作品，可能会显得黯然失色。但这样的比较，对你来说可能是更加痛苦的。当你过多地卷入孩子的家庭作业时，孩子可能会获得最多的高分或最精彩的项目，但你并没有给予他礼物。相反，你可能让他丧失了真正的自豪感，让他没有机会独自实现目标。而且，你无法愚弄老师，他们始终知道谁做了什么。

怎样将犹太教的适度原则与现实中的家庭作业融会贯通呢？我认为，从幼儿园开始，每升到一个年级就增加10分钟的作业量。因此，一年级的学生应该能够在20分钟以内完成作业，五年级的学生则应该能够在1个小时以内完成。

我只需要动动嘴皮子就能推荐这种方案，但是，如果老师布置的作业高出这个范围，你该怎么办呢？首先，和老师沟通，看看他认为学生应该花多少时间来完成作业。许多孩子会将半小时的作业拖延到90分钟，尤其是在作业太难、太乏味，或者他想利用家庭作业来伺机叛逆的时候。问问自己以下几个问题：孩子因为拖延或担心而浪费了多少时间？孩子是否知道自己需要做些什么？他是否有能力和工具来完成作业？如果孩子要花很长时间来完成简短的作业，那么你应该和老师商量办法，尽力找出问题的根源。

苏珊娜读三年级时，她的家庭作业问题总是让我们头痛，她的老师向我们提供了非常有效的解决方案。当时，她对家庭作业存在严重的抵触情绪。我批评过她，哄过她，也威胁过要剥夺她的特权，但所有的方法都无济于事。后来，她的老师路易斯·罗宾斯向我推荐了一个家庭作业策略："首先，我们来调整下她的家庭作业，取消有关词汇的部分作业。苏珊娜不需要用所有词汇造句,因为她在测试中几乎都能发挥得很好,所以对她来说,为每个词汇造句可能会很乏味。所以,让她选择她认为自己不熟悉的单词,只用这些单词造句即可。如果她的成绩下降了,我们再给她增加作业量。"

"第二,告诉她,她必须在'7:30前完成作业',或者'最多只能再做半小时作业'。你自己决定时间限制,不要问她是否已经完成。如果她最后没有完成所有作业,让我来处理。"

我们发现,这个办法将问题演变成了苏珊娜和作业(和她的老师以及最终成绩)之间的冲突,而不再是苏珊娜和父母之间的冲突,从而消除了整个僵持局面。这也向苏珊娜表明,我们尽管重视家庭作业,但也同样重视睡前讲故事的时间,以及她的睡眠质量。苏珊娜目前在读中学,她的学习效率很高,做作业有条不紊,但偶尔作业也会堆积起来。我们便采取了相同的策略。我们会预先警告她:"即使你没有做完作业,十点钟也要关灯睡觉,所以你要提前做好计划。"

如果孩子已经尽力,但家庭作业仍然令他不堪重负,那么你就需要替他进行交涉。你可以先与老师谈谈。如果作业量还是不变,请继续找校长谈。有时候,学校领导并不知道老师、学科专业人员以及教练给学生增加的作业负担,但如果学校完全无动于衷,请你考虑转校。

此外,不妨反思下你抚养孩子的目标。如今,孩子们似乎需要非常非常努力才能考上顶尖大学。父母要尽早想明白,其实无须就读某所常春藤盟校,孩子也可以过上充实而富足的生活,并造福于世界。你也可以和你的配偶谈谈,如何让你们的价值观与孩子先天的动力、气质和兴趣相匹配。

我始终记得一位小学校长告诉我的故事。布鲁克和姐姐就读于一所课业压力极大的学校，家庭作业总是堆积如山。布鲁克始终拙于应付，常常迟交或没能完成作业。父母便决定让她转学，去一所课业压力较小的学校。她的母亲说："在新学校里，三年级学生只需学习三年级的数学，没有人会为此感到羞愧。他们仍然在学习加减运算！布鲁克的表现很好，她在那里很开心。"

转学三个月以后，布鲁克回来看望原先的校长。校长首先注意到了她脸上的神采。"她像变了个人似的。"他这样评价道。我敢打赌，即便布鲁克永远不参加大学预修课程，她也会拥有光明的未来。

节省时间：管理时间的日常方法

除了减少家庭作业量，你还可以立即做些改变，确保与孩子共度的有限时光更有意义。下面这些做法很容易融入日常工作中。

腾出时间与孩子互动

孩子和你谈话的时候，你会做什么呢？很有可能，无论你在干什么都不会停下来。父母在面对喋喋不休的孩子时，尤其如此。但是，无论孩子多么喜欢喋喋不休，你每天都得腾出时间认真地听他说话。即使只是2分钟，你也要停下手头的所有工作，注视着他的眼睛，将手放在他的肩膀上，听他说话。如果他不习惯这种做法，他可能会问你为何对他生气。这时你要安慰他说,你只是关心他,想听听他要说什么。

孩子不久就会步入青春期,那时他们可能更喜欢和朋友相处,而不是你。如果你有空,不妨坐在孩子的身边。"妈妈,你为什么坐在这里?"他可能会这样问。"总是太忙了,我很想待在你身边。"你可以这样回答。或者,不要督促他去攻克拼写表,而是说"今晚不用做作业",并在睡前主动给他按摩背部,就像我在第6章中谈到的伊娃的妈妈,她喜欢帮助女儿洗铜色的长发。试着找出每个孩子身上最宝贵的特质,并让他们知道你有多么珍惜。

容许孩子磨蹭

通常,我们要求孩子做事的速度要快于他们的自然节奏。请尽量在这种压力和慢节奏之间保持平衡。每周都留出一天时间,给你的孩子3个小时,哪怕他只穿了一只袜子就去给芭比娃娃穿脱衣服,把另一只袜子穿到一半又去听唱片,你也不要干涉。每晚都要留出时间给他讲睡前故事,并保证他睡眠充足。这意味着,即便有些事你还不愿意去做,你也要早早提前准备。这不是孩子的过错,他那样做是情有可原的。大多数四五岁的孩子,特别是整天都不在父母身边的孩子,需要花一个半小时才能刷牙、穿好睡衣、躺在床上,然后听你讲故事或唱歌哄他入睡。

不要做你讨厌的事情

有位母亲曾经问我,应该花多少时间"观看"儿子玩任天堂游戏。

"你喜欢看他玩电子游戏吗?"

"不,但他喜欢我看着他玩。"

"我可不喜欢,"我说,"我不喜欢你这样做。这对你俩都有害。他还想你做其他什么吗?"

"打篮球。"

"你喜欢打篮球吗?"

"无所谓。"

"你喜欢做什么来放松心情呢?"

"我喜欢看电视上转播的棒球赛。"

"他喜欢吗?"

"噢,他也喜欢。"

"嗯嗯,这就对了。"

努力找出你和孩子的共同爱好。这样,当你停下来花些时间和孩子相处时,你们都会意犹未尽。孩子往往喜欢通过"朗诵"来取悦大人。我喜欢格什温的音乐作品。艾玛8岁时,她会模仿埃拉·菲茨杰拉德的调子来唱《他们都笑了》,模仿吉·李的调子唱《如果能获得好工作》。她喜欢逗我们开心,我们也喜欢听她唱歌。家长需要先找到快乐的事情并和孩子分享!

确保孩子有机会感到百无聊赖

瑜伽老师在我们进行高难度的拉伸运动时,会提醒我们:"不要怕痛。"她这么一说,我立刻便感到心安,并继续深呼吸,很好地完成某

第9章 时间之福：重视当下的价值

个姿势。

当听到年幼的格雷西说话时，我想到了我的瑜伽老师。7岁的格雷西不喜欢父母送她去参加轻松缓慢的夏令营活动。她向管理员抱怨道："这次营会太无聊了，没事可做。我6岁的时候，也曾像这样觉得无聊。"格雷西害怕这种痛苦，为什么呢？因为她在家感到无聊时，父母总是帮她安排娱乐节目，而当她在营会中觉得漫无目的时，她很难找到事情去做，并因此感到慌乱。她没有学过应对无聊的任何技巧。

父母需要完成看似矛盾的任务。我们必须努力不为孩子安排有趣的事情，而孩子们需要有机会锻炼自己的耐性去忍受无聊。如果你采取"我知道你很快就会找到事情做"的态度，将无聊视为不错的契机而不是亟须摆脱的事情，那么孩子就更有可能学会如何取悦自己。

你可以将做白日梦和无所事事也视为有价值的活动。就像孩子做的其他事情那样，邋遢、吵闹、犯傻、搞笑和无事可做对于孩子的智力和精神发展同样至关重要。要让他拥有一些乐趣：凝视窗外；哪怕没有制服、没有球队甚至不会计分，都让他快乐地将球扔来扔去；允许他无忧无虑地数雨滴，而不必利用这个机会考察他的乘法知识。采取这个态度还有一个好处，就是你无须耗费太多心神。如果你不把时间花在盯着孩子玩游戏这种无聊的事情上，你也许会想到给孩子做个背部按摩。

腾出时间来反思和规划

赞美诗说："指教我们怎样数算自己的日子，好叫我们得着智慧的心。"如果不花时间思考、规划和审视我们的生活，我们就会成为奴隶而非主人。通过深入的讨论，父母可以教会孩子提前制定人生准则。在加利福尼亚州南部，我们不会等到地震发生时才购买备用的手电筒和水。而在北部，人们在雨季来临前就会清理排水沟和下水道。我们会做好准备，以便应对不可避免的自然灾难。

在发生诸如洪水或地震灾害时才临时抱佛脚，可能会导致伤害。犹太教总是教导我们要做好准备，并通过第613条诫命向我们提供具体原则和行动计划来指导我们的日常决策。腾出时间与家人共同讨论，有助于你阐明自己的家庭理念，以及根据这些理念应采取什么样的行动。安息日晚餐时间就非常适合讨论这些问题。

放慢童年节奏，别揠苗助长

以上的所有建议都旨在让你和你的孩子在日常活动中放慢节奏，学会更加珍惜当下。作为家长，我们还必须面对别的挑战：让童年本身放慢节奏。

孩子们非常渴望快点长大，可以看成人看的电影和电视节目、穿成人穿的衣服、像成人那样交谈。有些父母也希望孩子快速成长。我甚至亲眼见过父母用激将法来刺激孩子："你现在就想成为青少年，对吧？好啊。那就去吧！"他们为什么会这么说呢？首先是因为孩子们极度渴望长大；其次则是因为孩子们长大后比天真无邪时更加安全。如果他们成长为坚强而大胆的小大人，那么他们在这个险恶世界中就不

第9章 时间之福：重视当下的价值

会很脆弱了。

孩子们要体验的生活比我们儿时的更多。在托儿所、学校、社区和团队中，他们接触到的人群也比我们多得多。他们了解与自己不同的民族、种族、宗教和经济群体。由于这种经验，许多孩子都善于处世，十分宽容。他们也很了解日程安排。如果今天是星期四，他们就知道无须等校车，而是等待拼车去宗教学校或体育馆。父母离异的孩子知道如何在父母各自的家庭里保管好自己的物品。然而，这是否就意味着他们更加成熟了呢？

凯伦·艾维十三年来都在教四年级的学生。她是这样评价他们的："现在，四年级的学生就像14岁的孩子。只要不涉及暴力镜头，父母就会允许他们观看成人看的电影，但是孩子们并没有足够的经验去理解他们所看到的电影情节。有些孩子仍然像《太阳溪农场的丽贝卡》[①]这本儿童小说里的丽贝卡那样单纯，但其他孩子却成长得太快了。他们会感到厌倦，因为他们不曾为任何东西等待过。"等待是需要时间的。并不是我们文化中的方方面面都在催促孩子成长，而是他们自然而然地不想等待。举个简单的例子：针对7岁儿童的电视广告会找7岁以上的孩子作为代言人，因为玩具制造商知道，我们的孩子渴望模仿年龄更大的孩子，渴望长大成人。

但是，7岁的孩子就是7岁的孩子，不是9岁或10岁。7岁的小孩没有经验，他们懵懂、害羞且自大，会过高估计自己的力量和智慧。身为父母，我们必须让7岁孩子表现出7岁的样子，并按7岁孩子的

[①] 美国作家凯特·维珍的作品，讲述了19世纪末美国小镇上的女孩丽贝卡的成长故事。

标准来要求和保护他们。如果让 7 岁孩子拥有 10 岁孩子才能拥有的信息、特权和责任，那么他就错失了 7 岁的时光。

夫妻关系高于亲子关系

本章的大部分内容旨在告诉读者如何度过高质量的亲子时光。但是，就孩子们的幸福而言，有一个因素比陪伴孩子更为重要，那就是你的婚姻。

在忙乱地处理孩子的众多事情时，我发现家长们忽略了自己的婚姻质量。我们极其担心孩子并尽力陪伴他们，但许多夫妻经常告诉我，他们五个月来从没有单独外出过，因为他们不想离开孩子。表面看来这不大合理。哪对夫妇不想在抚养孩子的同时也能偶尔共度浪漫时光呢？然而，伴随着初为人父母的自豪感和兴奋感，种种变化导致夫妻逐渐疏远，转而将子女拥入怀抱。

如同其他情况那样，为人父母也会考验婚姻的质量。第一次，夫妻之间无法简单地解决彼此的问题，因为总会涉及另外一个或多个人。生完孩子后，夫妻之间会产生许多以前没有的根本分歧，包括优先事项、金钱、稳定性、纪律、上学和宗教信仰，等等。有时，回避新近出现的分歧要比努力克服它们更容易。你会将不为人知的痛苦迁怒于配偶而非朋友。你可能觉得自己像个殉道者，想要通过孩子们的陪伴来抚慰自己的孤独。

太忙或太投入地照顾孩子当然是逃避与伴侣用心相处的好方法，

第9章 时间之福：重视当下的价值

否则你就必须面对并解决夫妻间的难题。如果不花费时间和精力去维护，婚姻就会变成被白蚁侵蚀的建筑。随着孩子逐渐长大，事情会变得越来越复杂，到那时首先毁掉的，可能就是已岌岌可危的婚姻。

与配偶独处可以保护你们的关系，以免它受到养家糊口的压力的侵袭。首先，不妨每周腾出一个晚上的时间与伴侣外出。更重要的是，你们可以尝试定期离开孩子们一两个晚上。为了重新建立你和伴侣之间的情感联系，你们需要去别的地方，即便只是距离小镇数公里远的度假胜地。

在新的环境中，伴侣有机会展示各种优点，包括其与人相处的方式、对植物和花卉的反应、对于水的感情以及幽默感。与对方单独相处时，你会记起自己为什么选择和这个人共同踏上这趟旅程。虽然分歧仍然存在，但是当你们抽空讨论它们时，最近（而不是五个月或五年前）的温情和美好回忆会让你们保持恰当的分寸。

共同外出，也是深刻反思生活的最佳方式。许多学校和企业每年都会为管理人员安排至少一次静修期。他们为什么要去箭头湖而不是在会议室里集思广益呢？因为这些机构认识到，要打破思维的窠臼，你需要三样东西：新的环境，有人为你准备饭菜，以及有机会在树林里散步（或在旧金山的街道上散步，如果这对你有用）。家庭就像企业，家庭的掌舵者也需要外出。正如摩西和亚伦退入会幕以回避以色列童子的要求，父母偶尔也需要避开自己的孩子。这对孩子们非常有益，因为当你返回时，亲子关系反而会更加亲密。你不会那么愤懑，也不再那么悲情。如果你可以外出很长时间进行反思，那么你可能会决定取消一些占用太多家庭时间的活动。

放下孩子
The Blessing of a Skinned Knee

不要贻误时机

懒惰者或弱者无法好好利用时间。你需要花费大量的热诚和精力，才能保护自己与伴侣相处的时间、不受干扰的家人团聚时间、就寝时间、休息时间以及周五晚上的家宴时间。如果我们能守护这样的时光，我们就在做了不起的工作，并赠给了孩子千金难买的礼物。我们是将自己奉献给他们，并向他们展示如何过上丰富而充实的生活。

某个安息日晚上，我们用完晚餐以后坐在客厅里，艾玛却回到餐桌旁，在仍然燃烧着蜡烛的烛台旁静静地坐了十多分钟。"艾玛，你在那边干什么呢？"我们问她。然后，她给我们读了她刚写的诗。

烛光

来吧

来这里待会儿吧

欣赏美好的烛光

看看它如何燃烧成灰烬

它的美如何渐渐陨灭

来吧

来这里看看烛光

第 9 章　时间之福：重视当下的价值

　　　　看它光明如昼

　　　　看烛光里的欢笑

　　　　看它如何跳跃

　　　　看它如何熄灭

　　　　快来吧！

　　　　赶在它熄灭之前

第 10 章

父母是孩子的启蒙老师

✡

要想培养孩子的力量和自主能力，
父母必须投入时间并慎重思考，
制定规划且加强管教，同时既回顾传统又瞻望未来。

艾玛刚刚过完 8 岁生日，就向我提了个大问题："是谁将钱放在我的枕头底下呢？是你还是爸爸？告诉我吧。"

我回答说："我觉得牙仙子不会喜欢你这样谈论她。"我骗了她，因为我猜想，仍旧问这种问题的孩子往往想要得到保证，而不是想要了解真相。我见过许多超过 10 岁的孩子仍通过牙仙子得到大笔现金。对于父母和孩子来说，信仰牙仙子就仿佛是个无伤大雅的小小谎言。这和关于上帝的问题不同，它不会造成困扰。

问过牙仙子问题后不久，艾玛又问了关于"特殊拥抱"的问题。"在特殊拥抱时，精子是如何和卵子结合的呢？"这个问题让我有些不安，但是我早已有所准备。我立刻娓娓道来："很高兴你问我这个问题，艾玛。坐在这里，我给你找些书，它们可以解答你的问题，然后我们可以好好谈谈。"当问题涉及性时，大多数父母虽然都很紧张，但却做好了心理准备。我们在面对这个难题时，会准备好精确的科学资料。我们可能会事先想好如何介绍自己的性经历，并夹杂着我们自己的价值观。

又过了几个月，艾玛问了我最棘手的问题。她当时在做睡前祷告，

第 10 章 父母是孩子的启蒙老师

正要提到上帝的时候,她犹豫了。

"我不知道是否能够继续这么说,妈妈。"她坦言。

"继续说什么?"

"上帝。"

"为什么?"

"因为我不知道我是否还能继续信奉上帝。"

"为什么这么说呢?"

"猴子,妈妈。哪种观点才是对的呢,亚当和夏娃,还是猴子?"我希望时间倒流回她问牙仙子的时候,但这还只是个开端而已。接着,她连珠炮式的继续发问。"还有奇迹。真的有奇迹吗?也许他们乘着小船越过了红海。你有想过这个吗?当真有过奇迹吗?你见过吗?"

我无法回避她的问题。她那么热情和认真。"你,嗯,就是个很好的例子,证明了奇迹的存在。"

"那苏珊娜呢?她也是奇迹吗?我不是这个意思。我是说真正的奇迹。"

艾玛真心提出的这个问题属于我人生中的任务,但回答她的问题对我来说并不容易。我知道并不只有我是这样,许多心思缜密的父母都会避开关于上帝的话题,因为他们不确定自己的信仰,也不想在教导孩子时给他们造成伤害或困扰。可是,我们有必要保留孩子的好奇心以及传统的活力。

放下孩子
The Blessing of a Skinned Knee

行动起来，你才能理解

犹太教的神学中包含对上帝的怀疑。"Yisrael"这个词的字面意思是"与上帝搏斗的人"。亚伯拉罕·约书亚·赫舍尔曾写过：犹太教并不要求信徒做出信仰的飞跃，但要求他们做出行动的飞跃。在开始实践犹太教的生活之前，你不应形成自己的神学体系。要知道，"行动，然后就会理解"。

首先，要付诸行动。在这个过程中怀着疑问也无妨。你可以点燃安息日的蜡烛，看看烛光会如何影响家宴的氛围。在爷爷接受心脏搭桥手术前后，或者在阿比盖尔的链球菌检测呈阳性时，再或者乔迪叔叔接受化疗时，你可以祝福病人：愿你的身心都完全康复；并且见证安慰他们的悲伤和忧虑如何有助于你的孩子学会应对逆境。你可以建造苏克棚，用棕榈叶装饰屋顶，整个星期都在户外用晚餐，体会连续六天天黑以后和家人在户外相处是多么美好。在女儿戴上牙齿矫正器的那个晚上，她感到很自豪，但她的嘴巴很痛，全家人可以共同唱祈祷文，为她的这个"第一次"感恩祷告。犹太教教导我们自己要"成为"他人的祝福。每天，你都可以在各种细枝末节中寻找机会来赞美、成圣、建立秩序和寻求意义。从你的行动中，你开始了解上帝的智慧，并看到神恩的印记。

中世纪有句谚语说："如果我认识上帝，我就会成为上帝。"你无须知道"正确"的答案即可与孩子谈论上帝。你可以告诉孩子，你尚未解决所有问题,但是你希望终生都可以继续和他谈论。如果你接受孩子的质疑,你就可以重拾自身也荒废掉的教育,和他们共同学习。

上帝和科学:孩子的视角

在艾玛迫使我面对科学与宗教之间的冲突时,我最想告诉艾玛的是,我很赞赏她提出的问题。我告诉她,这两种观点(人类起源于猴子,以及人类起源于亚当和夏娃)只是思考的角度各不相同。她的问题不是"非此即彼"的问题,而是"亦此亦彼"的问题。

"上帝不同于科学,我们不能运用相同的思维方式来理解它们。"我告诉她,"如果想要向人们证明上帝不存在,我们可以说'诺亚怎么能将所有这些动物都装进方舟里呢?什么东西阻止了肉食动物杀死温顺的食草动物呢?诺亚和妻子为什么不跑到船舱外避开难闻的气味呢?'于是,我们很容易认为这个故事很可笑。如果我们单纯从字面上理解诺亚、摩西与燃烧的灌木丛或者将红海分开的故事,我们就可以利用科学来嘲笑上帝。"

"但上帝和科学并非竞争对手,"我继续说道,"我们会运用逻辑法则和显微镜等器械来教授科学知识。但是要了解上帝,我们就要运用不同的法则,例如十诫,并且我们会运用故事而非器械来表明如何遵守这些法则。要检验和衡量上帝,我们需要运用心智来觉察大自然的美和人类的善良。"

"据我所知,世界已经经历了数十亿年的变化,"我说,"没错,人类确实是从猿类进化而来的。我们可以通过化学检测来确定岩石的年代，从而计算出地球的年龄。但上帝在六天以内创造世界的故事则与这截然不同。创世故事旨在提醒我们留意生活的法则——必须努力工作、必须休息，我们始终应该按照正确的顺序认认真真地做事。分开红海的故事告诉我们，即使我们原来生活的地方非常糟糕，但要离开并来到新的地方也并非易事。'燃烧的灌木丛'[①]这则故事告诉我们，要随时随地准备好并乐意倾听上帝的声音。上帝要我们效法这些故事中的榜样人物，所以将他们记载到了《圣经》中。"

"我们可以将周围的世界视为上帝的科学实验室，"我对艾玛说，"你有没有注意到，夜晚始终在白昼之后降临，季节始终按固定的顺序交替更迭，海洋会翻起波浪而鱼类拥有鳞片，永远都不会反其道而行？你知道吗，某些飞蛾翅膀上的斑点酷似猫头鹰的脑袋，这样就能让掠食者远离它们？如果仔细思考，你就会发现，所有这些事情既可以从科学的角度来做出解释，也可以被视为上帝绝妙的设计，两者都能说得通。科学教导我们了解我们周围的模式和系统，也让上帝创造的难以置信的世界变得可信。"

"我们会堂的拉比伦巴姆说，科学告诉我们事物的运行方式，《摩西五经》则教导我们为什么这是必需的。其他人说，科学给了我们通往星辰的地图，宗教则给了我们通往天堂的地图。宗教教导我们如何做个好人，以及如何珍惜上帝赐予我们的两大礼物：生命的礼物以及广袤世界的礼物。"说到这里，艾玛明白了。

---

① 《出埃及记》第3章中的故事，耶和华在燃烧的荆棘中向摩西显现。

第 10 章　父母是孩子的启蒙老师

时刻怀有感恩之心

"你能看得见爱吗？"你可能会这样问孩子。"我们都知道爱是真实存在的，但却看不见。晚上我将你抱到床上，你摔伤以后我用绷带帮你包扎膝盖，天气变冷我给你做番茄米汤——这些时候都表明了我对你的爱。为了遇见上帝，我们必须像侦探那样寻找蛛丝马迹。正如隐藏的蜡烛能够向四处散发出光芒，我们可以从上帝的映像中看到上帝。人们彼此之间的善举、大自然的奇迹以及我们具备的改变和成长的能力都无不表明了这点。"

孩子们天生就喜爱奇迹，充满喜悦，不会太在意自己，因此他们能够很好地引导我们觉察到上帝的作为。苏珊娜 5 岁时，我在某个多云的周日早上陪伴她到公园里参加生日派对。派对在老式火车上举行，环境原本应该很美好，但实际上却很拥挤、嘈杂、光线昏暗且通风不良。我有些烦躁，希望可以喝喝咖啡，读读周日报纸，回到安静而无人打扰的家里。这时苏珊娜拉着我的手，我们从停车场沿着山坡向上走到公园入口。

"看！"她指向天空，"彩虹！"两道完美的彩虹奇妙地嵌在公园入口处的金属拱门上。我曾经听说过双彩虹，但从未亲眼见过。这道彩虹触动了我心头的犹太教神经。

"嘘！现在该说 *shehecheyanu*（特殊时刻的祈祷）。"我后来才知道，甚至还有对彩虹的特殊祈祷词。我们牵着手，用希伯来语唱诵祈祷文:"上帝啊,我们的上帝,宇宙之王,你是有福的!你赐予我们生命,养育我们,并让我们目睹到这个瞬间。"我俩感谢上帝使用了巧夺天工的画笔。此时,我不再感到烦躁了。

好吧,上帝存在,但谁撰写了《圣经》与我有什么关系呢?

"犹太教的那些祷告词都是重要人物撰写的。"艾玛在某个星期六向她爸爸说道。

"重不重要有什么关系呢?"他问。

"如果他们不是重要人物,那祷告词就不是真正的祷告词,而是小诗。"

艾玛的言论符合大多数犹太人对《摩西五经》起源的看法。莫里森·戴维·比亚尔在其著作《你的犹太孩子》中写道:"这些人[《圣经》的作者]希望将他们的历史记录下来,并按照法律和道德准则来组建社会。很容易就可以看出,他们受到了上帝的启发,因为他们数千年以前写下的东西在今天仍然很重要。"而其他人,例如亚伯拉罕·约书亚·赫舍尔则说,上帝本人在西奈山上将这些神圣的话语启示给众人,然后人类将这些启示记录了下来。在回答孩子的问题时,且不论你认为这些故事和人物是真实的还是传说和神话,最重要的是向孩子表明:《圣经》是非常特殊的著作,拥有自己独特的地位。

《希伯来圣经》被分为五十四个部分,以便读者按顺序每周阅读一个部分,节日时还会增加其他阅读内容。在全球任何地方,犹太人都会聚集在会堂中做礼拜,并在当天用希伯来语和当地人的母语阅读同样的故事。这些文字将散落各地的人们团结了起来。每年你都会遇到同样的人们并感受同样的故事:金牛犊、十二个不可靠的探子、拿俄米和她忠实的儿媳路得、邪恶的哈曼和勇敢的以斯帖王后。你有机会透过更成熟的视角来了解《圣经》故事，也有机会将这些故事中的教导运用到不断变化的日常问题中。

行善是应当的

我的丈夫三年前在滑雪中受伤，会堂戒律委员会的负责人希斯给我们打电话，询问委员会的成员可以怎样帮助我们，开车送孩子们上学？还是给我们送晚餐？我告诉她我们没事，很感谢她打电话来，但我们不需要任何帮助。她却坚持要帮忙。我想起，这是犹太教中的诫命——*bikkur holim*，即"探视并帮助病人"。

"mitzvah" 这个词不是指"善行"，实际上是指诫命。在犹太教中，帮助穷人、匮乏者或是照顾病人并不是慈善，而是正义。当个人或团体身处逆境之时，帮助他人就是在纠正世界的错误。希斯的致电不同于友谊、礼貌或社会服务。她是在要求我们给予机会，以便她履行行善的义务。我们有什么权利拒绝呢？

我同意仔细想想委员会可以怎样帮助我们，并答应尽快回复希斯，然后我挂断了电话。不久以后，我必须要出差。迈克尔的伤口仍然疼痛，需要拄着拐杖走路，所以他周末不能为孩子们做晚餐。我给希斯打电话，然后委员会就行动了起来。我不在家的每个晚上，都会有人给我们送来自家做的饭菜。孩子们告诉了我这些晚餐的菜肴：添加了利马豆和茴香的波斯米饭，自制的杏仁巧克力饼，以及松软的土耳其小肉丸。她们向我描述这些送餐的女士们：有邻居，有朋友，还有我们不认识的教友。我很荣幸能够成为这个大家庭的成员，也感恩自己属于这个善良的社区，他们为临时失去能力的家庭提供食物，并将此视为神圣的义务。

家教必不可少

单单依靠宗教学校，你给不了孩子们你最希望给予他们的两样东西：终生遵守道德和灵性教导，并将其作为遗产传递给后代。

无论你是否打网球，孩子们都可以学习打网球，甚至有可能成为冠军。他们可以学习如何制作果馅饼，如何掌握有机化学，以及如何学习五种编程语言。但是，要了解价值观并培养神圣感，则必须从家庭着手。在希伯来语中，父母这个词是"*horim*"，它与老师（*morim*）这个词同源。父母是孩子的启蒙老师！如果你让专业人士来承担孩子的精神教育，那他可能会失去他最需要的东西：和你接触，你的生活经历，以及你看问题的视角。

这个问题由来已久。哈西德派领袖、科兹克王朝的拉比梅纳赫姆·门德尔说："如果你真心希望孩子学习《摩西五经》，请当着他们的面亲自学习它。他们会效法你的榜样。否则他们不会自己学习《摩西五经》，却会指示他们的孩子这样做。"

我相信这些话是对的。然而，尽管将犹太教融入生活以后确实让我大大蒙福，但我没有由衷地热爱有组织的宗教。我仍然有心理负

第10章　父母是孩子的启蒙老师

担。这种包袱就是"不喜欢融入集体""在真诚到接近迂腐时，会感到很别扭"以及"即便没有额外的规矩或义务，过日子就已经很艰难了"。相比之下，犹太会堂成员的善良有时让我感到自己贪心、愤世嫉俗和自私。尽管仪式和宗教义务有时让我感到恼火和疲倦，但是我依然保持学习，每个周五晚上都举行安息日晚宴，并且会祈祷和遵守仪式。丈夫和我都秉承着传统，并确保这些传统随着孩子的成长而逐渐变化。

这些传统也继续在帮助我们这些成人。我们在参与犹太教活动时结识的人们拓宽了我们的社交圈子，在思想和精神上激励着我们。周五晚上悠闲的晚餐氛围让人感到轻松和温暖，即便我们意志消沉，但围坐在桌边时，大家都会充满感激之心。此外，我们都熟知犹太思想和《圣经》人物，这既增进了成人之间的关系，也在指导我们如何教育子女。

教育的薪火代代相传

吸引成人的精神成长之路太多了。东方的宗教和冥想练习都可以缓解我们在物质世界感到的压力，女权主义的精神也能赋予个人力量，并且非常有效。《塔木德》和卡巴拉教义（我们甚至应该等到40岁以后再开始学习）能够刺激和激发我们的智力。但是，对成年人有益的东西未必也对儿童有益。我在第7章中提到了"吃什锦早餐所导致的营养不良"，这种低脂高纤维的饮食确实有益于中年人的健康，但却会让孩子们在摄入足够的蛋白质之前就吃饱了。抽象概念和冥想对孩子们毫无用处。孩子们需要故事、英雄以及简单的道德准则。

媒介就是信息。可以唤醒情感以及记忆的，并不是神学中的雄辩，而是作为媒介的感官。正是出于这个原因，圣贤们明确地创立了宗教仪式来吸引我们的感官：美好的烛光，香甜、美观、松软、可口的白面包；赏心悦目、芳香四溢的香料塔盒（这些芬芳的香料存放在精致的银色金丝盒或细小的雕花木塔中，在安息日结束时，你可以放在鼻子下面晃动）；仪式中的祷告声和歌声。孩子的心灵中始终蕴藏着对于感官世界的喜悦，因此宗教仪式自然会轻松地吸引他们的兴趣。

犹太会堂并不是精神需求的一站式购物中心，它的优点在于其内在结构：本质上注重为他人服务，分担他人的悲伤和伤痛，提供各种精神给养——唱歌、祈祷、学习古老的书籍以及汲取经受了时间考验的智慧。最好的犹太社区只是提供高营养、丰富多彩、内容丰富的宗教，以便让孩子们去观看、触摸、品尝、嗅闻和歌唱。

莫迪凯·芬利拉比是洛杉矶一个犹太会堂的负责人，他告诉教友们他喜欢听妻子梅拉夫弹奏莫扎特的钢琴曲。他并不讨厌莫扎特，因为莫扎特创作过曲子，而他没有。他非常喜欢美妙的音乐，他知道学习阅读乐谱以及演奏乐器难度都很大，也意识到这更需要耐心和毅力。不是天赋，而是必须经过漫长的练习，才能演奏出悦耳的音乐。芬利拉比将音乐学习的过程类比为礼拜仪式，直接对乔迪（认为祈祷词没有表达出她的感受的艺术家）以及拉里（她觉得自己像初学者）说："祈祷是传统，乐器是你的心。"你不可能随随便便就指望感受到神圣的东西，但是如果你非常努力，功夫不会白费，不久以后，你会听

第 10 章　父母是孩子的启蒙老师

到美妙的音乐。

作为心理学家，我在实践中看到很多慈爱、敏感、聪明的父母采取了错误的方法来消除家人的痛苦。他们的育儿方法目光短浅——通过评估孩子的情绪、分数或者社会地位来衡量孩子的才能。而当我们拓宽视野以后，我们会采取截然不同的方法。我们会更加注重孩子是否拥有敬畏、感恩以及共情的品质，如果他们有所欠缺，我们还会追溯原因。我们意识到，孩子不会因为参加数学辅导、生日聚会以及足球比赛就自动拥有这些品质。要想培养孩子的力量和自主能力，我们必须投入时间并慎重思考，制定规划且加强管教，同时既回顾传统又瞻望未来。

因为星光需要很长时间才能抵达地球，所以我们看到的部分发光星体在很久以前就燃烧殆尽了。育儿也是如此。我们接触到的孩子会将我们为他们点燃的光芒又传递给他们的孩子，然后再继续闪闪发光。

最好的教育,
需要成人心灵世界的觉醒。
扫码免费听《父母的觉醒》有声书。

附录

父母能够真正为孩子做些什么？

——温迪·莫戈尔博士采访录[1]

Q: 你认为当今的孩子最希望父母给予他们什么东西？

A: 青少年主要抱怨没有人聆听他们的心声，或许他们是对的。我们需要尽早开始帮孩子养成倾听以及倾诉的习惯。如果我们总是注意力不集中，始终一心多用，孩子就能察觉到我们的心不在焉，然后也就不再和我们交流了。

亚伯拉罕、雅各和摩西回应上帝的召唤时说"Hineini"（"我在这里！"）。如果在孩子们很小的时候我们愿意放慢节奏和他们交流，那就意味着，他们愿意相信在他们长大以后我们依然有空和他们交流。否则，他们可能更不愿意谈论自身的问题。

Q: 父母在给予孩子他渴望的东西时，最常遇到哪些障碍？

A: 在富裕的社区里，父母经常试图塞给孩子们各种各样的东西：玩具、家庭老师、治疗专家。部分原因是这些父母没有腾出足够

放下孩子
The Blessing of a Skinned Knee

的时间来陪伴孩子，并为此感到愧疚。因此，当能说会道的孩子劝说父母给他们购买某些商品和服务时，父母就屈服了。但无论你问哪个成人"童年最美好的回忆是什么"，你始终会听到同样的答案：与家人共同度过的时光（尤其是置身于大自然之中或进行冒险时），最喜爱的食物的味道，亲人的个性和热情。

家长们往往热衷于让孩子取得各种成就，这种做法也非常令人担忧。许多父母觉得未来充满太多不确定，有感于此，他们会努力让孩子们学习各种技能，并敦促他们参加竞争，脱颖而出。在这种温室环境中，孩子们获得了充分的关注，但主要是为了获得成功，而不是建立亲密纽带。

Q: 父母似乎比以往任何时候都更加关注孩子生活的细枝末节。这样事事过问，对孩子有好处吗?

A: 这实际上会事与愿违。大学院长会为即将入学的学生起绰号，将他们称为"茶杯"和"脆饼"。"茶杯"受到了监护人的过度调教、保护和关爱，因此他们离家在外时缺乏基本的生活技能。"脆饼"们被分数和考试题目折磨得筋疲力尽，濒临崩溃，他们找不到学习的乐趣。有个家长曾经对我说："孩子将对我们提起历史上规模最大的集体诉讼。他们会起诉我们偷走了他们的童年。"

Q: 亲子关系是如何沦为"脆饼"的?

A: 在父母扮演"成绩单皮条客"时，孩子们会觉得他们全部的价值就在于他们取得的成绩。有些孩子会因此成为具有消极的反抗者，

附录 父母能够真正为孩子做些什么？

他们会以拒绝做家庭作业来抵制父母，或者将 20 分钟即可完成的家庭作业故意拖延到 3 个半小时才做完。还有些孩子会丧失自尊心，觉得他们无法满足父母不合理的期望。在美国，尤其是在犹太社区，我们期望孩子青出于蓝而胜于蓝。这意味着孩子们会承受重重压力，觉得自己应该超越历史上最成功的那代人。这项任务令人望而却步，但并不是必需的。我问过女子私立高中的多名学生一个问题："你想对父母说些什么心里话？"她们回答说："请告诉我们的父母，我们已经够努力了，但我们没有他们认为的那么聪明。"

Q：父母也承受着巨大的压力，无论在家庭还是在工作中，他们都必须表现得非常出色。一天下来，他们会精疲力竭。这种生活方式会如何影响家庭的稳定呢？

A：我们周围的许多婚姻都支离破碎，在我看来，这部分源于父母不关心自己的精神生活。我对他们说，与其事无巨细地照料孩子的生活，不如为了自己去吹吹双簧管，或者为了自己去找到阅读的乐趣，学习犹太经典。贤哲希勒尔教导我们要找到平衡点："如果我不为自己而活，那么谁会为我而活呢？如果我只为我自己而活，那我又是谁呢？"同样地，父母必须平衡自己和孩子的需求。

Q：父母每天做些什么才是真正参与孩子的生活呢？

A：首先，孩子放学回家时，父母可以为孩子营造恰当的环境，以便他们愿意敞开心扉。但这需要自律，意味着你要改变习惯并拒绝当下的诱惑（正在阅读《纽约时报》，正在网上分析股票，或者正在完成清扫工作等），转而与孩子真心交流。我发现，可以利用当天发生的事情作为开场白，然后引申到你真正感到好奇、惊讶、困惑、神秘、刺激、有趣或狂野的经历。如果你讲出自己的故事，然后静静地等待，那么孩子也非常有可能向你讲述他们当天的经历。

Q: 这比直接问"你今天过得怎么样？"要更明智。

A: 因为孩子们会揣摩你的言外之意。他们会将"你今天过得怎么样？""你和谁共进午餐的？""数学考试考得怎么样？""今晚有多少功课？"等问题视为这样的信号：你企图收集信息，以便监督他们如何有效地利用时间来满足父母的期望。正是出于这个原因，如果你问"你今天过得怎么样？"，他们通常会不屑地回答"好""还不错"或者其他大煞风景的话。

父母们必须记住，用不了多久，孩子就会更喜欢和其他人而不是和父母相处。所以，如果你有空，请坐在孩子的身边。他可能会问："妈妈，你为什么坐在这里？"你可以回答说："总是太忙了，我很想待在你身边。"或者，不要敦促他去攻克拼写表，而是说"今晚不用做作业"，并在睡觉前主动给他按摩背部。总体上来说，要认识到每个孩子的独特性格、兴趣或能力，并告诉他们你非常珍惜这些特质。

Q: 犹太教教导我们如何参与孩子的生活呢？

A: 如今，对于我们来说，活在当下比以往任何时候都更加困难。讽刺的是，我们还使用了许多所谓的"省时"技术设备，比如笔记本电脑和手机，但它们根本无法帮助我们参悟到时间的神圣价值，因为

附录 父母能够真正为孩子做些什么？

它们本身攫取了我们大量的注意力。此外，身为犹太人，我们习惯于反思共同的历史并为未来担忧，这让我们更难生活在当下。因此，我们必须自觉地努力活在当下。

幸运的是，犹太教提供了对策，那就是将此时此刻最平凡的东西赋予神圣的价值。犹太传统教导我们：伟大不仅体现在杰出而辉煌的成就中，也体现在我们日常的小事和行为中。犹太教向我们表明，我们可以设法不被疯狂的物质世界吞噬，也就是说，我们可以从中汲取有价值的东西同时不被淹没。这样，我们就能通过犹太人生活的三个核心原则——适度、庆祝和圣洁，来实现中庸之道。

适度原则教导我们同时做两件看似水火不容的事情：在自律的同时热烈地拥抱上帝创造的物质世界（"上帝看万物都是好的"）。例如：犹太教既不崇尚禁欲主义，也不推崇暴饮暴食。如果进食前先停下来做感恩祈祷，我们就会自然而然地放慢节奏，怀着更清醒的心态来进食。适度原则引导我们接纳第二个原则：庆祝。我们有义务适度但热情地接纳上帝的恩赐，并通过各种各样的方式来庆祝：全年大大小小的犹太节日、饭前感恩祷告、彩虹、新衣服、侥幸脱险和首次做某件事情。第三条原则是圣洁，即承认日常行为和事件的神圣价值，这尤其适用于家庭生活。在以前，当犹太人谈到"家庭"这个字眼时，它就是指敬拜之屋或"小圣地"。我们的餐桌就是圣坛，全家人就围坐在这个圣坛旁，它有可能成为地球上最圣洁的地方。

除了这三个原则以外，《摩西五经》还为我们安排了充分休息、反思和重生的机会，这个日子被称为安息日。我现在来谈谈自身的例子。我的家人都知道，无论每周有多繁忙，周五晚上的共聚时光都是雷打

放下孩子
The Blessing of a Skinned Knee

不动的。我们不会接听电话,也不会匆匆忙忙地去做接下来需要完成的事情。我的丈夫迈克尔和我会凑到孩子耳边,轻声"祝福我们的孩子",说出美好而深情的祈祷词:"愿上帝的光芒照亮你并赐予你平安。"晚餐期间,我们会围绕着餐桌分享各自的好消息,每个人都要向其他家人分享这周让自己特别感恩的事情。孩子上小学的时候,我们会使用家中的《摩西五经》讨论指南来和孩子讨论假想的道德困境,例如:"你觉得可以为测试疫苗效果而将病毒注射进老鼠体内吗?""在你看来,雇佣外国童工的公司老板为会堂建造新大楼捐款,会堂是否应该接受?"现在,孩子们已经成长为青少年,我们便谈论她们在生活中遇到的各种话题:同性婚姻,或者,是否只要孩子的考试分数和高考成绩都很高,父母就可以允许孩子穿过于暴露的服装去参加无人监管的喝酒派对。

除此之外,犹太教命令我们践行 *hiddur mitzvot*,即"将诫命变得更美好,并格外用心"。神秘主义者说,如果预备特别的食物并精心布置安息日晚宴的餐桌,我们就可以品尝到天国的滋味。在我的家中,每个家人都会帮忙准备安息日晚餐。我的丈夫迈克尔负责做饭,我在花园采花,孩子们把花摆放好,并在餐桌上摆上仪式用品:祈祷仪式使用的杯子、蜡烛和发酵白面包。我们整周都没有吃诱人的甜点,但是在安息日晚宴上,我会将带有底座的雕纹玻璃蛋糕架放在纸垫上。我的小女儿艾玛负责将烤好的曲奇、甜卷圈或者水果馅饼摆放在蛋糕架上。安息日晚餐需要耗费大量的精力,我绝不愿意每天都这样做,但我们会每周举行一次,它让我们放慢了脚步,并强有力地将我们聚集起来。

附录　父母能够真正为孩子做些什么？

但是，尽管谨守安息日很重要，稳定的家庭生活也同等重要，其背后的原则并不是说，我们只需要在某个特定日子遵守仪式。事实上，我们必须明智地对待每个瞬间，每个瞬间都可能具备神圣的价值，我们应该在每周的其他六天里也这样做。

Q: 你会怎样总结自己学习到的犹太育儿哲学呢？

A: 我会将其总结为拉比常常向学童们提出的问题——

犹太教历史上最重要的时刻是什么？

答案既不是将红海分开，也不是在西奈山上颁布律法。而是现在！

---

① 2004 年 7 月 3 日，《犹太教改革》（*Reform Judaism*）杂志编辑阿隆·希尔特－曼海姆采访了温迪·莫戈尔博士，讨论父母能够真正为孩子做些什么。本书再版时获得了该杂志的许可，将这篇采访录收录其中。

图书在版编目（CIP）数据

放下孩子：犹太人教子之谜：儿童期/（美）温迪·莫戈尔著；聂传炎译.—上海：上海社会科学院出版社，2021

书名原文：The Blessing Of A Skinned Knee : Using Jewish Teachings to Raise Self-Reliant Children

ISBN 978-7-5520-3360-1

Ⅰ.①放… Ⅱ.①温… ②聂… Ⅲ.①犹太人—儿童教育—家庭教育 Ⅳ.① G78

中国版本图书馆 CIP 数据核字（2020）第 213325 号

THE BLESSING OF A SKINNED KNEE: USING JEWISH TEACHINGS TO RAISE SELF-RELIANT CHILDREN (2017 EDITION) By WENDY MOGEL, PH.D.
Copyright © 2001 by WENDY MOGEL, PH.D.
This edition arranged with BETSY AMSTER LITERARY ENTERPRISES.
through BIG APPLE AGENCY, INC., LABUAN, MALAYSIA.
Simplified Chinese edition copyright:
2021 Beijing Green Beans Book Co., Ltd.
All rights reserved.

上海市版权局著作权合同登记号：图字 09-2020-1017 号

放下孩子：犹太人教子之谜（儿童期）

著　　者：	[美]温迪·莫戈尔
译　　者：	聂传炎
责任编辑：	赵秋蕙
特约编辑：	贾凌芝
营销编辑：	吴乃歆
封面设计：	主语设计
出版发行：	上海社会科学院出版社
	上海市顺昌路 622 号　　邮编 200025
	电话总机 021-63315947　销售热线 021-53063735
	http://www.sassp.cn　　E-mail: sassp@sassp.cn
印　　刷：	河北鹏润印刷有限公司
开　　本：	710 毫米 ×1000 毫米　1/16
印　　张：	17.75
字　　数：	200 千字
版　　次：	2021 年 3 月第 1 版　2021 年 3 月第 1 次印刷

ISBN 978-7-5520-3360-1/G·1029　　　　　定价：42.80 元

版权所有　翻印必究